AI 시대 중학생은
이렇게 진로를 찾습니다

개정 교육 과정에 따른 진로쌤의 아주 특별한 진로 수업

AI 시대 중학생은 이렇게 진로를 찾습니다

김원배 글 박상훈 그림

초봄책방

챗GPT 시대 진로를 찾기 위해 필요한 것은 무얼까요? 진로와 직업 수업 시간에 10년이나 20년 후의 미래 모습에 대해 질문하면 학생 대부분은 돈을 많이 벌고 싶다는 말을 해요. 돈을 벌고 싶은 이유는 가족과 행복한 삶을 살기 위해서라고 하더군요. "그런데 학교를 졸업하면 누가 돈을 그렇게 많이 줄까?"라고 물어보면 아르바이트해서 돈을 벌겠다는 거예요. '알바해서 언제 돈을 모으지'라고 물어보면 아무 얘기 못 하고.

초등학교 고학년과 중학교 시기에는 다양한 분야에 관한 관심과 호기심을 가지고 자기 주도적으로 진로에 대해 고민하고 탐색해야 해요. 꿈을 찾는 것은 흥미롭고 도전할 수 있는 과정이에요. 자신이 정말 하고 싶은 것이 무엇인지 알기 위해 여러 방법을 시도해 보는 게 좋아요. 중학교 생활을 하면서 하고 싶은 것 10개 정도는 확보해 둬야 고등학교 입학 때쯤이면 좀 더 구체적인 진로를 선택할 수 있어요. 하고 싶은 것들이 전문적인 활동으로 발전하면서 향후 20년 안에 실현해 볼 수 있는 여러분의 꿈인 거예요.

어떤 학생은 고등학교에 진학해서 진로를 찾겠다고 하는데, 그건 좋은 생각이 아니에요. 자신의 진로에 대해 정기적으로 생각하고 탐구하는 것이 중요해요. 어렸을 때 좋아했던 것이 무엇인지, 지금은 어떤 활동을 즐기고 있는지, 다른 사람들로부터 어떤 재능이나 칭찬을 받고 있는지를 생각해 봐요. 취미나 관심사를 발견하기 위해 다양한 활동을 시도해 보는 것도 좋은 방법이에요. 가족, 친구 또는 학교 수업이나 창체 활동(창의적 체험 활동)을 통해서 아이디어를 얻을 수도 있어요. 큰 꿈을 찾는 게 부담스럽다면 작은 목표부터 시작해 보는 거예요. 작은 목표를 하나씩 달성하면 관심 분야를 찾는 데 도움이 돼요. 선생님은 매일 책을 읽고 감상이나 생각을 노트에 정리하면서 미래의 꿈을 상상하고 있어요. 여러분도 독서 일기나 감정 일기, 진로 일기를 써보는 것이 좋은 방법이에요. 오늘 하는 활동이 미래의 직업으로 발전할 수 있거든요.

어떤 학생은 우주비행사를 꿈꾸고, 어떤 학생은 유명한 요리사가 되고 싶어 해요. 반면 다른 아이들은 자신이 무엇을 좋아하는지, 무엇을 잘하는지, 미래에 무엇을 하고 싶은지 확신하지 못해요. 우리의 꿈은 나이가 들거나 새로운 지식과 경험을 얻으면서 변하게 되지요. 하지만 이들에게는 공통적인 것이 있어요. 바로 나 자신을 이해하고, 올바른 길을 찾고자 하는 욕구이지요. 오늘날 세상은 빠르게 변화하고 있어요. 인공지능과 자동화의 발전은 모든 분야에서 새로운 일자리를 창출하고 기존 일자리를 변화시키고 있어요. 그렇기에 청소년들

이 올바른 진로를 찾고 미래를 준비하는 것이 그 어느 때보다 중요하지요.

2025년부터 중고등학교에 2022 개정 교육과정이 적용되어 교과서 및 수업 방법들이 바뀌게 되어요. 진로교육과 《진로와 직업》 교과서 내용도 시대변화에 따라 배워야 할 것들로 대폭 수정됐어요. 2022 개정 교육과정에서는 자기 주도성 및 삶과 연계한 미래 역량 함양이 가능한 교육 활동이 이루어질 수 있도록 편성됐어요. 청소년들이 갖춰야 할 핵심 역량으로는 자기 관리 역량, 심미적 감성 역량, 지식정보 처리 역량, 협력적 소통 역량, 창의적 사고 역량, 공동체 역량을 제시하고 있어요. 미래 사회의 불확실성에 대응하는 방안으로는 자신의 학습과 삶을 주도할 수 있는 능력을 키우고, 언어, 수리력, 디지털·인공지능 기초지식 소양을 키워주는 활동, 협력과 공동체 의식 등을 갖춰야 한다고 교육의 방향성을 제시해 주고 있어요. 2022 개정 교육과정 교과서 집필에 참여하면서 미래의 진로교육 방향성과 교육과정을 이해하고 여러분이 쉽게 활동하는 방안들을 《AI 시대 중학생은 이렇게 진로를 찾습니다》에 담았어요. 이 책은 진로 교사가 학생이 스스로 인생길을 개척할 수 있도록 돕는 책이기도 하지만 학생 스스로가 자기 주도적으로 진로를 탐색할 수 있도록 구성한 책이에요. 단원별로 어떤 이야기들이 담겨 있는지 살펴볼게요.

1장 '**미래를 위한 준비**'에서는 여러분의 가능성과 흥미를 탐색하는 데 필요한 기본적인 태도와 역량을 소개하고 있어요. 자기 주도적 진로 탐색, 지식정보 활용 능력, 창의적으로 생각하는 능력, 하이터치 시대 감성역량, 세계화 공동체적인 삶 등 여러분이 학창 시절에 반드시 갖춰야 할 것들에 관해 소개하고 있어요.

2장 '**진로와 나의 미래**'에서는 미래 사회의 변화 속에서 나만의 길을 찾는 방법을 이야기하고 있어요. 직업인들의 공통적인 진로 특성과 나의 진로 특성을 파악해 보는 활동 위주로 구성되어 있어서 나의 성향이 무엇인지 파악해 보는 단원이에요.

3장 '**미래 사회 직업 세계 변화**'에서는 미래 직업 세계의 새로운 모습과 그에 대한 준비 전략을 소개하고 있어요. 세상도 변하지만 직업 세계도 꾸준히 변화하지요. 이런 변화에 빠르게 대응하기 위한 전략들을 소개하고 있어요.

4장 '**좋아하고 잘하는 것**'에서는 자신이 좋아하는 것과 잘하는 것을 발견하는 방법을 알아보고, 세상을 살아가는 데 도움이 될 만한 이야기들을 담고 있어요. 우연한 기회라는 의미에 대해서도 생각해 보게 하고, 좀 늦게 꿈을 찾아도 괜찮다는 점을 얘기하는 단원이에요.

5장 '**진로와 학습 그리고 독서**'는 진로 목표를 찾기 위해서 먼저 해야 할 것은 내가 왜 공부를 하는지 명확한 기준이 있어야 하는 거예요. 그냥 부모님이 시켜서 하는 공부가 아니라 나 스스로 미래의 진로를 위해 공부해야 하는 것이지요. 여기서는 학습의 중요성에 대해 알려 주고 있어요.

6장 **'진로를 계획하고 실천하기'**에서는 여러분이 계획한 진로를 구체적으로 실천하는 방법을 알려 주고 있어요. 상급학교 진학 또는 취업을 위한 자기소개서 작성 방법이라던가, 챗GPT 시대 기업들이 원하는 인재상에 대해 구체적으로 설명하고 있어요.

이 책은 미래의 꿈을 찾아가는 십 대 여러분을 위한 나침반이자 평생 함께 가야 할 동반자가 될 거예요. 매일 매일 내가 하는 활동과 학습이 미래의 내 직업을 결정하게 될 거예요. 공부만 하라는 얘기는 아니에요. 열심히 친구들과 놀고 여행도 다니면서 하루에 한 시간 정도는 나의 미래를 생각해 보자는 얘기에요. 선생님은 여러분의 잠재 능력을 믿어요. 이 책이 동기부여가 되어 잠재 능력이 발현되고 그 능력들이 이 사회의 버팀목으로 성장해 가길 항상 응원해요.

2025년 2월
진로진학상담교사 김원배

차
례

PART 1

미래를 위한 준비

PART 1

미래를
위한 준비

자기 주도적
진로 탐색

담임 선생님에게서 진로를 묻는 설문지를 받아든 중학생이 된 지훈이는 장래 희망란에 '미정'이라고 적어 놓았어요. 하지만 정말 미래에 하고 싶은 게 없는 거냐는 생각이 들면서 '미정'이라는 단어가 영 마음에 들지 않았어요. 초등학교 6학년 때 아무 생각 없이 놀기만 하고 자신의 꿈을 찾지 못한 게 답답했던 거죠.

"이번 주말까지 각자 좋아하는 분야를 찾아서 그 분야와 관련된 정보를 파워포인트로 만들어와야 해요. 다음 주에 발표할 거예요."

선생님의 과제는 지훈이를 자극하였어요. 지훈이는 "무엇을 해야 하나?"라고 고민하기 시작했어요.

지훈이는 주말에 평소에는 눈길도 주지 않았던 동네 도서관을 찾아갔어요. 도서관에는 엄청 많은 책이 정리되어 있더라고요. 이런 곳을 처음 오다니 부끄럽기도 하고, 책 속에 어떤 이야기들이 숨겨져

있을지 호기심이 생기기도 했어요. 서가를 돌아다니다 화학 실험 관련 책에 시선이 머물렀어요. 상상조차 못했던 실험 결과들을 보며 지훈이는 "화학이 이렇게 흥미로운 분야구나!"라고 생각했어요. 그는 인터넷에서 안전한 실험 방법을 찾아 집에서 간단한 실험을 해 보기로 마음먹었어요.

첫 실험은 과일로 전기를 만들어 보는 거였어요. 레몬에 구리판과 아연판을 꽂아 연결하니, 작은 전구가 빛나는 거예요. 지훈이는 이 간단한 실험에 엄청나게 놀랐어요. 더 많은 것을 해 보고 싶어졌지요. 그래서 소다와 식초로 거품도 만들어 보았어요. 부엌을 거품 바다로 만들었지만, 부모님은 너그럽게 웃으며 아들의 도전 모습을 흐뭇해하셨어요. "네가 한 일이니 깨끗하게 정리까지 하거라" 하면서 치우는데 도와주지 않으셔서 지훈이는 어쩔 수 없이 실험으로 엉망이 된 주방을 스스로 청소하기 시작했어요. 힘은 들었지만 처음 해본 도전으로 청소도 즐겁게 할 수 있었어요.

청소를 마친 후, 지훈이는 채팅방에서 친구들과 실험 경험을 공유하면서 선생님이 내주신 과제에 관해 이야기를 나누었어요. 그러면서 친구들이 생각하는 것들을 알게 되었어요. 음악을 좋아하는 정희는 "노래를 부르면 세상을 잊어버릴 만큼 행복해!"라고 했고, 축구에 빠진 지용이는 "내가 공을 차고 있을 때만큼은 모든 걸 해낼 수 있을 것 같아"라고 하는 거예요. 친구들의 열정에 자극받은 지훈이는 자신만의 흥미를 계속 탐구해 보기로 결심합니다.

드디어 담임 선생님이 말씀하신 발표 시간이 됐어요. 지훈이는 자신이 경험한 화학 실험의 상황을 친구들에게 들려주었어요.

"저는 이번에 화학에 대해 알아보고 간단한 실험을 해 보면서 신기한 경험을 했어요. 실험이 성공할 때마다 내 손에서 무언가가 만들어지는 느낌이 너무 좋았죠."

그는 실험의 재미와 함께 부엌을 엉망으로 만든 이야기도 곁들여 친구들에게 큰 웃음을 안겨줬어요. 친구들은 지훈이를 향해 엄지를 치켜세웠고, 선생님도 잘했다며 칭찬을 해주셨어요.

발표가 끝난 후에 지훈이는 교실에서 친구들과 실험에 대해 더 이야기하며 새로운 아이디어를 얻었어요. 과학동아리에 가입해 친구들과 함께 새로운 실험도 기획하기로 했어요. 이번 프로젝트를 진행하면서 화학의 세계를 더 깊이 탐구하고, 다양한 분야의 전문가들을 도서관에서 만나게 되었어요. 그리고 자신의 꿈을 키우는 것은 경험과 탐색을 통해 스스로 찾는 것이며, 실패를 두려워하지 않는 것이 중요하다는 것을 깨닫게 됐지요. 지훈이는 이제 중학생이 되었지만 자기 방식으로 진로를 탐색하고 미래를 향해 당당하게 한 걸음 내딛는 계기를 만들었어요.

평소 진로에 대해 생각하지 않다가 수업 시간에 선생님의 질문에 자극받아서 스스로 장래의 꿈을 찾아보게 된 거예요. 누군가는 지훈이처럼 스스로 해 보려고 하지만, 스스로 행동으로 옮겨보려고 하지 않는 친구들도 있어요. 본인 스스로 어떤 성향인지를 제대로 파악하는 것이 중요해요. 모든 사람이 인간의 고유한 기질은 변하기 힘들다고 생각들 하지요. 그런데 선생님 생각은 달라요. 변할 수 있다고 생각해요. 지훈이처럼 자신의 진로에 대해 고민하는 순간, 이미 뇌는 앞으로 살아가야 할 방향성을 탐색하고 있을 거예요.

중학교 1학년 진로 수업 시간이었어요. 진로를 일찍 결정해야 하는지 아니면 나중에 결정해도 되는지 아이들의 논쟁이 있었어요.

"선생님, 일찍 진로를 결정해야 앞으로 준비하며 살지 않을까요?"
"그래, 네 말에도 일리는 있지. 일찍 결정하면 좋을 거야."
"선생님, 지금은 별로 하고 싶은 게 없는데 무턱대고 일찍 결정할 필요가 있을까요?"
"네 말도 맞단다. 찾을 수 없는데 아무거나 결정할 수는 없지."

친구는 진로 목표를 찾았는데 자신은 못 찾았다고 해서 고민하고 슬퍼할 필요는 없어요. 서서히 탐색하면서 찾아가면 돼요. 지금 결정했어도 살다 보면 바뀔 수도 있어요. 20대에 생각이 변할 수도 있고, 30대에는 다른 일을 해 보고 싶기도 하거든요. 중요한 건 지금 내가 어떤 태도로 나에게 주어진 일에 최선을 다하는가를 생각하고 뭔가를 찾으려고 노력하는 마음 자세예요. 학교 공부이던지, 독서이던지, 진로 탐색이던지 중요한 것은 스스로 하려는 태도가 제일 중요해요. 지금 꿈이 없다고 해서 너무 고민할 필요는 없어요. 백 세 인생 중에 여러분은 이제 10%의 삶을 산 거뿐이에요. 앞으로 90% 이상의 밝은 미래가 있잖아요. 하고 싶은 걸 해 보면서 즐겁게 살아야 해요.

더 중요한 것이 있어요. 그건 바로 올바른 습관들이고, 꾸준하게 실천하는 노력이에요. 자신이 어떤 행동을 하느냐에 따라서 상황을 반전시킬 수 있거든요. 진로진학상담교사로 12년 동안 진로 교육을 해 오면서 선생님은 이런 생각을 해 봤어요. 친구들과의 관계나 주변 환경에 영향을 받지 않고 스스로 진로를 탐색하는 방법에는 뭐가 있을까?

과거 산업사회에서는 한 개인의 진로 경로가 학교 졸업 이후 직업생활에서 큰 변화 없이 비교적 안정적인 직장생활을 영위할 수 있었어요. 인공지능 시대인 지금의 진로 경로는 그렇지 않아요. 학교를 졸업하고 노동시장에 진입한 이후에도 평생에 걸쳐 자신의 진로를 평가하고 계획하고 실천하는 자기 주도적인 삶을 살아야 하는 상황이에요. 초등학교 고학년에서부터 중학교 3년의 기간에서는 자신의 성장 가능성을 이해하고 직업 세계의 변화 과정을 탐색하는 것부터 해야 해요. 다양한 체험을 통해서 자신의 미래를 적극적으로 설계하고, 직업에 대한 긍정적인 태도를 갖고 살아가야 해요.

초등학교와 중학교 시기는 심리학자들의 발달 이론 관점에서 보면 진로 탐색을 적극적으로 수행하는 시기라고 할 수 있어요. 심리학자 슈퍼(Donald E. Super)는 진로 발달은 인간의 전 생애에 걸쳐 이루어지는 것이라고 했어요. 가정과 학교에서 주요 인물과 동일시함으로써 자아개념을 발달시키는 성장기(0~14세)를 환상기(4~10세), 흥미기(11~12세), 능력기(13~14세)로 나누어 설명하고 있어요. 탐색기(15~24세)는 개인이 학교 활동, 여가 활동 등을 통해 직업을 탐색하는 시기이고, 확립기(25~44세)는 개인이 자신에게 적합한 분야를 발견하고 생활 터전을 잡으려 노력하는 시기예요. 유지기(45~66세)는 개인이 직업에 정착하여 노력하며 살아가는 기간이죠. 마지막 은퇴기(65세 이후)는 정신적 육체적으로 기능이 쇠퇴함으로 은퇴 후 인생 2막을 준비하고 활동하는 시기예요. 여러분은 지금 어느 시기에 해당하나요? 본인의 위치를 살펴보면서 지금 나에게 주어진 임무가 무엇인지 생각해 보고 스스로 진로를 탐색하고 계획을 세워보는 것도 좋을 것 같아요.

자기 주도적 진로 탐색이란 진로 결정이나 진로 선택을 위하여 자신의 특성에 대한 평가와 직업에 관한 정보를 수집하려는 적극적인 활동을 말해요. '더 나은 나'가 되겠다는 본능을 믿고 확실히 따르는 것이 '목표 의식'이라고 말할 수 있어요. 구체적인 직업관 같은 게 없다고 공부할 수 없는 것이 아니라, '지금보다 더 나은 나'를 만드는 것이 공부라는 거죠. 그러기 위해서는 학교에서 배우는 교과 수업뿐만 아니라 창의적 체험활동에 적극적으로 참여하려는 자세가 중요해요.

전 세계에 있는 직업들을 모두 체험해 볼 수는 없잖아요. 그래서 학교에서 배우는 과목들에 집중하고 창의적 체험활동에 집중하다 보면 공부와 진로의 방향성을 찾을 수 있게 되어요. 공부는 하지 않고 돈 벌 생각만 하는 학생들이 주변에 너무 많아요. 자신이 평소 잘하는 분야에서 전문가가 되기 위해 공부는 하지 않고 편안하게 돈 벌려는 마음을 날려버리려는 용기가 필요해요.

스스로 자신의 꿈을 찾아서 기쁨을 느낀다는 것은 자기 주도적인 삶을 산다는 거예요. 자기 주도적인 삶이란 주어진 과제에서 벗어나지 못하는 수동적인 삶에서 벗어나 스스로 과제를 정하고 해결하기 위해 공부도 하고 독서도 하고 체험활동도 하는 것을 의미하지요.

지금 나는 어떤 상황인지 스스로 점검해 봐요. 아무 생각 없이 산다고 하지 말고 자신의 미래를 좀 더 구체적으로 고민해 봤으면 좋겠어요. 솔직하게 주변 사람들에게 미래의 꿈을 말하면서 스스로 그 미래를 만들어 가려는 태도를 가져야 해요. 그래야 내가 뭘 좋아하고 잘하는지를 판단할 수 있어요. 중학교 시기에 다양하게 체험 및 탐색을 해 보고 고등학교에 진학해서는 그 꿈을 위해 공부에 전념하면 될 것 같아요.

✍️ 미래 설계 활동 1-1

1 현재의 관심사와 강점을 고려할 때 어떤 직업이 나와 잘 맞는다고 생각하는지
자유롭게 적어 보요.

2 자신의 진로 목표를 달성하기 위해 가장 먼저 해야 할 행동은 무엇인지 순위별로 작성해 봐요.

1순위

2순위

3순위

4순위

5순위

3 진로를 결정할 때 가장 중요하게 생각하는 요소는 무엇일까요?

(   )

① 높은 연봉

② 직업의 안정성

③ 개인의 흥미와 열정

④ 사회에 대한 기여도

4 진로를 결정 하는데 있어서 가장 먼저 해야 할 일은 무엇일까요?

(   )

① 유명한 직업 찾기

② 여러 직업의 장단점 비교하기

③ 자신의 성격과 강점 비교하기

④ 주변 사람들 조언 듣기

지식정보
활용 능력

지훈이는 아침에 눈을 뜨자마자 스마트폰부터 찾았어요. 잠을 자는 사이에 인스타에 누가 다녀갔는지, 어떤 릴스 동영상이 올라왔는지도 궁금해서 한참을 탐색하면서 잠에서 깼죠. 아침에 일어나면 수많은 정보가 눈앞에 펼쳐져 있어요. 정보가 넘쳐나는 사회에 적응하는 데 필요한 중요한 기술 중 하나가 지식정보를 활용하는 능력이에요. 이것은 정보를 제대로 이해하고 분석하며, 적절히 활용하는 능력을 말해요. 중학교 시기부터 왜 이러한 능력이 필요하고 어떻게 발달시킬 것인지에 관해 관심을 가져야 해요.

기말고사를 앞둔 지훈이는 역사 공부가 가장 큰 문제였어요. 열심히 하는 만큼 성적이 오르지 않았거든요. 이번 시험은 독한 마음을 먹고 준비하기로 했어요. 역사 교과서의 주요 사건과 날짜를 요약해서 자세한 학습 가이드를 만들었어요. 주요 사건들을 외우는 게 어려웠어요. 그래서 상세한 사건 정보를 얻기 위해 도서관에 가서 역사 관련 책들을 찾아보며 사건 하나하나를 이해했어요. 역사 관련 책 속에서 배경지식을 얻고 나니 교과서의 역사 사건들이 눈에 들어오고 쉽게 이해가 되는 거예요. 이번 기말고사는 기대가 됐죠.

'정보'는 스마트폰과 같은 다양한 매체를 통해서 우리에게 전달되는 데이터를 의미해요. 유튜브, 블로그, 인스타그램 등 여러분이 매일 보는 게 바로 정보랍니다. 이것들을 올바르게 이해하기 위해서는 중요한 개념부터 알아야 해요. 그러기 위해서 주제와 관련된 질문을 스스로 던져보고 찾아보는 습관을 들여야 해요. 예를 들어, 수업 시간에 선생님의 말씀을 들으면서 중요한 키워드를 노트에 정리해 뒀다가 복습이나 문제집을 풀 때 강의 내용을 다시 한번 살펴보는 습관을 갖는 것 같은 거지요.

오늘날의 우리는 디지털 시대에 살고 있어요. 인터넷과 스마트폰이 우리 생활의 일부가 된 지금, 정보의 홍수 속에서 길을 잃지 않고 필요한 지식을 찾아내고 활용하는 능력, 즉 지식 정보 처리 능력이 매우 중요해요. 특히 중학생들에게 이 능력은 미래를 준비하는 중요한 도구예요. 어떻게 하면 우리는 이러한 능력을 키울 수 있을까요?

첫째, **비판적 사고**를 길러야 해요. 인터넷에는 다양한 정보가 넘쳐요. 하지만 모든 정보가 정확하고 신뢰할 수 있는 건 아니에요. 우리는 정보를 접할 때 항상 그 출처를 확인하고, 그 정보를 신뢰할 만한지, 혹은 편향되지는 않았는지 생각해 봐야 해요. 예를 들어, 뉴스 기사가 무조건 사실이라고 생각하지 말고 사실 여부를 확인해 봐야 해요. 사실인지 확인하기 위해서는 뉴스와 관련된 여러 출처를 비교해 보고, 출처의 신뢰도를 평가하는 습관을 길러야 하지요. 지훈이는 역사 공부를 하면서 전쟁의 원인 등 논란이 되는 역사적 사건들을 여러 각도로 살펴보면서 다양한 관점을 비교해 보기도 하고, 친구들과 이 사건에 관해 이야기를 나눠보기도 했어요. 사건이나 정보들을 그냥 흘려버리기보다는 지훈이처럼 의문을 가지고 다양한 관점으로 접근해 보는 것도 비판적 사고를 기르는 방법이에요.

둘째, **정보를 체계적으로 정리**할 줄 알아야 해요. 많은 정보를 한꺼번에 다루다 보면 혼란스러울 수 있어요. 이를 방지하기 위해서는 정보를 분류하고 정리하는 방법을 익혀야 해요. 노트 앱이나 메모장을 활용해 주요 내용을 정리하고, 필요한 경우 키워드를 사용해 쉽게 찾을 수 있도록 하는 것이 좋아요. 지훈이는 학교에서 배운 내용이나 관심 분야를 공부할 때 항상 마인드맵을 활용함으로써 정보 사이의 연결을 한 눈에 볼 수 있어요. 자기 생각도 논리적으로 정리하면서 복잡한 정보를 시각적으로 이해하고 기억하기 쉽게 만들었어요. 이렇게 정보를 체계적으로 정리하면 복습할 때 큰 도움이 되겠지요.

셋째, **다양한 도구를 활용**할 줄 알아야 해요. 정보 처리 능력을 높이기 위해서는 다양한 디지털 도구들을 능숙하게 활용할 줄 알아야 하지요. 검색 엔진, 온라인 백과사전, 데이터 분석 도구 등은 우리가 정보를 찾고 분석하는 데 큰 도움을 주어요. 또한, 스프레드시트 프로그램을 이용해 데이터를 정리하고 분석하는 방법을 배운다면, 통계 자료를 효과적으로 활용할 수 있어요.

넷째, **협력과 소통**을 중요시해야 해요. 정보는 혼자서만 처리하는 것이 아니라 다른 사람과 공유하고, 협력하는 과정에서 더욱 가치 있게 되지요. 친구나 선생님과 함께 프로젝트를 진행하면서 정보를 나누고, 서로의 의견을 교환하는 과정에서 새로운 지식을 얻고, 더 나은 결과를 도출할 수 있어요. 예를 들어, 그룹 과제를 할 때 역할을 분담하고, 각자 모은 정보를 공유하면서 토론하는 과정을 통해 더욱 풍부한 지식을 쌓을 수 있어요.

마지막으로, **끊임없이 배우고 도전**해야 해요. 디지털 시대는 빠르게 변화하고 있으며, 새로운 기술과 도구들이 끊임없이 등장하고 있어요. 따라서 우리는 항상 새로운 것을 배우고, 도전하는 자세를 유지해야 하지요. 각종 교육 플랫폼 등을 활용해 새로운 기술을 익히고, 지식을 확장하는 노력을 기울여야 하지요.

결론적으로, 지식 정보 처리 능력은 우리가 미래를 준비할 때 요구되는 필수적인 능력이에요. **비판적 사고, 체계적인 정리, 다양한 도구 활용, 협력과 소통, 끊임없는 학습과 도전**이라는 다섯 가지 전략을 통해 우리는 이 능력을 키워나갈 수 있을 거예요. 디지털 시대의 청소년으로서 우리는 이러한 능력을 갖추어 더 나은 미래를 만들어 나가야 할 책임이 있어요.

지식 정보 처리 능력은 크게 세 가지 단계로 나눌 수 있어요. **정보 수집 계획하기, 정보 탐색 및 검토하기, 정보 처리 및 활용하기.** 각각의 단계를 구체적인 예시를 통해 살펴볼게요.

① 정보 수집 계획하기

이 단계에서는 어떤 정보를 찾을지 계획을 세워야 해요. 예를 들어, 역사 과제로 '조선 시대의 문화와 생활'에 대해 조사한다고 가정해 보죠. 구체적인 주제를 설정하고, 이 주제를 세부적으로 나누어요. 예를 들어, 문화는 예술, 문학, 과학 등으로, 생활은 의식주, 사회 구조 등으로 나누어 볼 수 있어요. 신뢰할 수 있는 정보를 탐색하기 위해 학교 도서관, 온라인 학술 데이터베이스, 신뢰할 수 있는 웹사이트 등을 선택해야지요. 검색에 사용할 주요 키워드를 정리하면서 계획을 세우는 거예요. 예를 들어, '조선 시대 예술', '조선 시대 문학', '조선 시대 의식주' 등이에요.

② 정보 탐색 및 검토하기

계획이 세워졌다면, 이제 정보를 탐색하고 검토하는 단계예요. 이 단계에서는 정확한 정보인가, 너무 오래되지 않은 정보인가, 정보를 제공한 기관을 믿을 수 있는가, 즉 정확성, 최신성, 신뢰성을 갖춘 정보인지 살펴야 해요. '조선 시대의 문학'에 대한 정보를 찾는 경우를 생각해 봐요. 검색 엔진을 사용하여 키워드를 입력하고 관련 자료를 찾아봐요 '조선 시대 문학'을 검색하면 다양한 웹사이트, 논문, 책이 나올 거예요. 책은 도서관에 가서 찾아볼 수도 있고, 포털사이트, 국립중앙도서관의 디지털 자료, 학술 논문 등 신뢰할 수 있는 곳에서 논문 자료를 읽으면서 정보를 확인하지요. 자료의 신뢰성과 정확성을 판단해야 해요. 출처의 저자가 누구인지, 출판 연도가 언제인지, 인용된 참고문헌이 있는지 등도 확인해야 하고요.

③ 정보 처리 및 활용하기

수집한 정보를 처리하고 활용하는 단계예요. '조선 시대의 문화와 생활'에 대한 보고서를 작성해 볼게요. 수집한 정보를 주제별로 정리해야지요. 예를 들어, 예술, 문학, 과학, 의식주 등으로 나누어 정리해요. 항목별로 수집한 정보를 분석하고, 중요한 내용을 선별해요. 조선 시대 문학에서 중요한 작품과 작가, 그들의 작품이 당시 사회에 미친 영향을 분석하는 거예요. 정리하고 분석한 정보를 바탕으로 보고서를 작성해요. 서론, 본론, 결론으로 나누어 체계적으로 작성하며, 필요에 따라 표, 그림, 그래프 등을 활용하여 정보를 시각적으로 표현하지요. 보고서 마지막에 참고문헌 목록을 작성하여 사용한 모든 출처를 명시해야 되어요. 이는 자료의 신뢰성을 높이고, 표절을 방지하는 중요한 부분이에요.

이처럼 **지식 정보 처리 능력은 필요한 정보를 잘 모아서 꼼꼼하게 살펴보고, 유용하게 활용하는 능력**을 말해요. 이런 능력을 청소년 시기부터 키우면 공부할 때 더 깊이 있게 이해할 수 있고, 필요한 지식을 더 잘 활용할 수 있어요. 예를 들어, 숙제할 때 책이나 인터넷에서 필요한 정보를 찾아보고, 그 정보를 이해한 다음, 그 내용을 활용해서 숙제를 완성하는 과정이 바로 지식정보 처리능력을 활용하는 거라고 말할 수 있어요. 이 능력이 좋으면 공부도 더 쉽게 할 수 있고, 새로운 것을 배울 때도 더 잘 이해할 수 있어요. 다양한 진로 정보를 탐색함으로써 여러분이 원하는 진로 목표를 설계하는 데 효과적으로 활용할 수 있어요.

1 지식정보처리 능력이란 무엇을 의미할까요?

(   )

① 새로운 언어를 학습하는 능력

② 학교 내에서 친구들과의 협업하는 능력

③ 컴퓨터와 같이 전자기기를 사용하는 능력

④ 다양한 정보를 수집, 분석, 조직하여 활용하는 능력

2 지식정보처리 능력을 향상하기 위한 가장 효과적인 방법은 무엇일까요?

(   )

① 유명한 인플루언서의 조언 따르기

② 정해진 정보만을 그대로 받아들이기

③ 소셜미디어에서 최신 트렌드 팔로우 하기

④ 독서와 데이터 분석 연습을 통해 정보의 비판적 분석 능력 키우기

창의적으로
생각하는 능력

창의력은 한 단어로 설명하기 어려운 특별한 정신적 능력을 의미해요. 일반적으로 다른 것들 사이에서 새로운 관계를 보는 능력, 특이한 아이디어를 생각해 내고, 남들과 다르게 생각하는 능력으로 설명할 수 있어요. 이 모든 설명의 공통점 중 하나는 '새로움'이에요. 하지만 창의적이라는 건 무에서 유를 만들어 내는 것을 의미하지 않아요. 창의성은 기적 같은 아이디어가 아니라 이미 가지고 있는 경험과 지식에서 나온다고 할 수 있어요.

창의력은 지적 능력에서 비롯되는데, 일반지능과는 다르다고 해요. 어느 수준을 넘어서면 지능과 창의력은 큰 관련이 없다네요. 지능이 높아도 창의력이 낮을 수 있고, 평범한 지능이라도 놀라운 창의력을 발휘할 수 있는 거예요. 하지만 창의력은 이미 알고 경험한 것에 기초하기 때문에 어느 정도 지능이 필요해요. 이러한 기존 것들을 새로운 방식으로 변화시키고, 연결하고, 재구성할 수 있으려면 일정 수준의 지능이 필요해요.

창의적인 사람들은 자신의 지식과 경험을 사용하여 새로운 상황이나 사물에 대해 생각해요. 예를 들어, 아이작 뉴턴(Isaac Newton)은 사과가 나무에서 떨어지는 것에 대해 생각하고, 이를 지구의 중력 개념과 연결했어요. 현재 상황과 완전히 다른 상황으로 연결하는 능력은 창의성의 핵심 부분이라고 설명할 수 있어요. 새로운 아이디어를 생각해 낸다는 것은 전통적인 사고방식에서 벗어나는 것을 의미해요. 상식에서 완전히 벗어나서 생각할수록 더 창조적인 아이디어를 만들어 낼 수 있어요.

창의성은 노력을 통해 향상할 수 있는 걸까? 전문가들은 창의성이 발현되려면 충분히 이완된 상태에 있어야 한다고 말하고 있어요. 창의성을 발휘하려면 갑작스러운 도약이 필요한데, 이러한 도약은 책상 앞에 오래 앉아 있다고 발현되는 것이 아니라 긴장이 완전히 풀린 상태에서 이루어진다는 것이죠.

아인슈타인은 이탈리아 북부에서 부모와 함께 지내는 동안 스위스에 있는 밀레바 마리치와 편지를 주고받으면서 사랑을 키웠어요.

"사랑하는 돌리! 나는 오늘 저녁 2시간 동안 창가에 앉아 분자력의 상호작용 법칙을 어떻게 찾아낼 것인지에 대해 생각했어요. 아주 좋은 아이디어가 떠올랐죠. 내가 일요일에 만나서 이야기할게요."

아인슈타인은 창가에 앉아서 애인도 생각하면서 분자력의 상호

작용에 대해 두 시간 동안 깊이 있게 생각하고 그에 대한 해답을 얻은 거예요. 창의적인 사람이 되기 위해서는 아인슈타인처럼 호기심을 가지고 세상을 바라보며, 다양한 경험을 쌓고, 깊이 있게 생각하는 시간을 가져보는 것도 좋은 방법이에요.

미국 심리학자 미하이 칙센트미하이(Mihaly Csikszentmihalyi)가 시카고 미술대학 4학년 학생 30여 명을 대상으로 재미있는 실험을 했어요. 학생들에게 여러 가지 사물들을 보여주고 그중 한두 가지를 골라 정물화를 그려보라는 거였어요. 어떤 학생들은 몇 분 만에 사물을 고르고, 바로 스케치를 시작했어요. 시간이 좀 더 오래 걸린 학생들도 있었어요. 그들은 여러 사물을 다양한 각도로 보고, 배치를 달리하며 자세히 살폈어요. 어느 쪽 학생들의 작품이 더 창의적이었을까요? 전문가들은 시간이 더 걸린 그룹의 작품들이 훨씬 창의적이라는 평가를 했어요. 두 그룹의 차이는 뭘까요?

빨리 그림을 그린 그룹은 '어떻게 하면 그림을 더 잘 그릴까?'를 고민했고, 시간이 걸린 그룹은 '어떤 그림을 그리면 좋을까?'에 집중한 거예요. '어떻게'와 '어떤'에 대한 질문이 전혀 다른 결과를 만들어낸 거죠. 즉, '어떻게'라는 건 정답을 찾고자 하는 것이었고, '어떤'은 정해진 틀이나 답이 없는 자신이 그리고 싶은 그림에 대해 생각한 것이라고 할 수 있어요. 이 실험에서 창의력은 기술이나 방법이 아니라 생각과 태도의 문제라는 걸 알 수 있어요.

하버드대학교 테레사 M. 아마빌레(Teresa M. Amabile) 교수는 창의적 생각과 태도를 기르는 세 가지 요소로 **창의적 사고력, 지식과 경험, 내적 동기**를 꼽아요. 어떤 과제를 수행할 때 지식과 경험을 갖고, 내적 동기가 충만한 상태에서 창의적으로 생각하면 창의적인 결과물이 나올 가능성이 크다는 의미에요.

창의적 사고에서 가장 중요한 것은 창의적 인지와 감각이에요. 창의적 인지는 일상생활 속에서 매일 보는 익숙한 장면에서도 새로움과 감동을 찾을 수 있는 감각이라고 할 수 있어요. 창의적 감각을 깨우려면 뇌 감각을 먼저 깨워야 해요. 오감을 활용한 체험활동과 보고 느끼고 맛보는 뇌 감각을 깨워 감성을 풍부하게 하며 창의력을 키워주는 거예요.

새로운 노래를 작곡하려면 악보를 보는 법, 리듬에 대한 감각, 악기 연주법 등을 배워야 하듯, 어떤 분야에서든 창의적 성과를 내기 위해서는 관련 분야의 지식의 이해와 습득력을 기르고 경험을 축적할 시간이 필요해요.

우리 뇌는 자신이 하는 일에서 의미나 가치를 찾는 내적 동기가 있을 때 더 활성화된다고 해요. 뉴턴이 사과가 떨어지는 걸 보고 "왜?"라는 질문을 던졌고, 만유인력 법칙을 공표하기까지는 20여 년의 탐구와 노력이 있었어요. 즉, 창의적인 생각을 현실로 만드는 노력과 인내의 원천은 내적 동기에서 나온 것이라고 할 수 있죠. 여기서 말하는 내적 동기는 칭찬이나 보상 등 외부 조건에 의한 것이 아니라 누군가의 평가에 좌우되지 않고 스스로 하고자 할 때 생기는 자발적 동기를 의미해요.

청소년 여러분이 창의력을 기르려면 어떻게 해야 할까요? 창의성을 키워주는 학원에 다녀야 할까요? 책상에 앉아서 공부만 한다고 얻을 수 있을까요? 아니에요. 다양한 분야의 책을 읽고, 친구들과 다양한 놀이를 함께하고, 박물관, 전시회, 연극, 영화 등을 보면서 얻은 새로운 경험들이 창의적으로 생각하는 힘을 키워주게 돼요. 또한 몸과 마음의 감각을 깨우는 창의적인 표현활동이나 자신이 좋아하는 일에 깊이 몰입해 보는 경험도 창의력을 키우는데 아주 좋은 방법이에요. 창의력을 높일 수 있는 몇 가지 원칙을 알려 줄게요.

첫째, **개방성**이에요. 생각하고 판단하는 것에 대해 편견을 가지지 말아야 해요. 정답만을 찾지 말고 왜 그런지 다양한 관점에서 바라보는 태도가 중요해요.

둘째, **다양성**이에요. 틀에 박힌 생각보다는 다양성을 존중하고 받아들이는 태도가 중요해요.

셋째, **판단을 잠시 보류**해 봐요. 생각나는 대로 즉각적으로 행동하지 말고 잠시 생각을 해봐요. 자유로운 상상과 행동으로 이어질 수 있도록 스스로 판단을 미루는 거예요.

넷째, **통합성**이에요. 다양한 경험이 서로 연결되어 새로운 의미를 형성할 수 있도록 몸소 하는 체험활동이 중요하죠. 친구들과 게임방이나 노래방에서 시간 보내지 말고 청소년답게 도전해 보는 것도 좋은 방법이에요.

창의적으로 생각하는 능력은 미래를 여는 열쇠라고 볼 수 있어요. 여러분은 다양한 경험을 통해 사고의 폭을 넓히고, 문제를 새로운 방식으로 해결하는 능력을 길러야 해요. 스티브 잡스처럼 우리의 일상과 경험 속에서 창의성을 발견하고, 이를 바탕으로 더 나은 미래를 만들어 나갈 수 있다는 것을 생각해야 하지요. 청소년 시절부터 창의적인 사고를 기르는 연습을 통해 우리는 더 많은 가능성을 열고, 더 나은 세상을 만들어 나갈 수 있을 거예요.

창의적인 사람들은 학창 시절에도 남다른 특징을 보이며, 이 시기부터 그들의 창의성이 발현되곤 했어요. 그들은 호기심이 많아 끊임없이 질문했어요. 그들은 단순히 교과서에 나오는 지식에 만족하지 않고, 더 깊이 탐구하고 싶어 했어요. 공부를 잘하는 것은 기본이고, 학교에서 할 수 있는 모든 활동에 적극적으로 참여하며, 새로운 경험을 쌓는 것을 즐겼어요. 이들은 기존의 틀에 얽매이지 않고 새로운 도전을 시도하는 것에 두려워하지 않았고, 실수와 실패를 배움의 과정으로 받아들이며 성장하게 되죠. 이러한 특징들은 이들이 미래에 창의적인 인재로 성장하는 데 중요한 밑거름이 되었어요.

학교생활에서 창의성을 발휘할 수 있는 열 가지 방법

1	프로젝트 기반 학습	교과서 내용을 단순히 암기하는 대신, 주제를 선택해 프로젝트를 진행해 본다. 문제를 해결하는 과정에서 창의적인 아이디어가 나온다.
2	친구들과 토론하기	다양한 주제나 책을 읽고 친구들과 토론하면서 서로의 다른 관점을 이해한다.
3	창작 글쓰기	자신이 생각하고 상상하는 것을 글로 작성해 본다. 소설, 시, 에세이 쓰기 등 글쓰기 활동으로 창의적인 사고를 키울 수 있다.
4	과학 실험하기	교과서에 있는 실험 이외에도 평소 관심 있는 것을 실험해 봄으로써 새로운 것을 발견할 수 있다.
5	미술 및 공예	그림 그리기, 조형물 만들기 등 다양한 미술 활동을 통해 자신만의 창의적인 작품을 만들어 본다.
6	디지털 콘텐츠 제작	영상을 만들거나, 애니메이션을 제작하거나, 팟캐스트를 만들어서 자신의 관심 있는 분야를 표현해 본다.
7	친구들과 게임 하기	논리적 사고를 필요로 하는 퍼즐이나 방탈출 게임을 통해 문제를 해결하는 방법을 습득한다.
8	동아리 활동	관심 없는 분야에도 동아리 활동을 참여해 본다. 예술, 과학, 음악, 인문학 등 동아리에 관심을 가진다.
9	친구들과 협력하기	교과 모둠활동에서 친구들과 팀을 이루어 문제를 해결하거나 아이디어를 개발하는데 협력을 통해 더 큰 창의성을 발휘할 수 있다.
10	자유로운 시간 활용하기	방과 후 또는 쉬는 시간에 새로운 것을 시도하거나, 취미 활동을 할 수 있다. 즉, 새로운 악기를 배운다거나, 요리를 배운다거나, 스포츠 활동을 하는 것들도 창의성을 기르는데 좋은 방법이다.

🔦 미래 설계 활동 1-3

1 새로운 아이디어를 발휘할 때, 자기 생각을 더욱 발전시키기 위해 어떤 방법을 사용할 수 있을까요? 두 가지 방법을 제시해 봐요.

[예시 답] 다른 사람들과 아이디어를 공유하고 피드백을 받는다.

①

②

2 친구와 팀 프로젝트를 할 때, 문제를 창의적으로 해결하기 위해 어떤 방법을 사용할 수 있을까요? 한 가지 예를 들어 설명 해봐요.

[예시] 문제가 생겼을 때, 각자 잘할 수 있는 일을 나누어 맡고, 여러 가지 해결책을 생각해 본 후, 가장 좋은 방법을 선택한다.

3 창의적인 생각이 잘 떠오르지 않을 때, 어떤 환경을 만들면 도움이 될까요? 한 가지 방법을 적어 보아요.

[예시] 조용한 곳에서 혼자 생각하거나 공원에서 산책하며 생각을 정리한다.

44

하이터치 시대
감성역량

대중교통을 이용하다 보면 사람들 대부분이 스마트폰만 바라보고 있는 걸 쉽게 볼 수 있어요. 지하철 역사를 빠져나온 사람들도 목적지로 가면서 눈은 스마트폰에서 떼지 못하고 걷는 것을 볼 수 있죠. 지금 우리는 하이터치 시대에 빠르게 적응하고 있는 거예요.

미래학자 존 나이스비트(John Naisbitt)가 1982년에 쓴 《메가트렌드》에서 처음으로 제시한 '하이터치 하이테크(high touch high tech)' 개념은 첨단 기술의 발전과 함께 인간의 감성과 따뜻함의 중요성을 강조한 거였어요. 기술 발전과 함께 인간의 감성 연결이 더 중요해지는 트렌드를 설명한 거지요. 나이스비트는 기술이 발전할수록 인간의 감성적 욕구와 연결에 대한 필요성이 더욱 커진다고 주장했어요.

하이테크 시대에 하이터치의 중요성이 강조되는 이유는 무엇일까요? 이는 인간의 본질적인 욕구와 관련이 있어요. 인간은 사회적 동물이기 때문에 감정적 연결과 소통이 필요하다는 얘기예요. 또한, 기술의 발전으로 인해 사람과 사람과의 직접적인 상호작용이 줄어들면서 감성역량의 중요성이 더욱 부각하고 있는 거예요.

수현이네는 네 명으로 이루어진 평범한 가족이었어요. 평소 대화도 자주 나누는 가족이었는데, 어느 순간부턴가 가족의 일상이 조금 달라지기 시작했어요. 가족 모두가 스마트폰에 빠져들면서 대화가 거의 없게 된 거예요. 식사 시간에도 각자 스마트폰 화면에 집중하고 있을 뿐이죠. 점차 가족들이 어떻게 생활하고 어떤 생각을 하는지 살펴볼 겨를이 없어진 거예요.

"지민아 오늘 학교 어땠어?"라고 엄마가 물었지만, 동생 지민이는 머리를 들지 않고 대답했어요. "응, 그냥 그랬어요." 아빠도 마찬가지였어요. 회사 일로 바쁘다며 항상 스마트폰을 손에 쥐고 있었어요. 지민이는 게임에 빠져서 대화할 생각조차 하지 않았어요. 이렇게 식사 시간이 반복되면서 이들은 점점 더 감정적으로 멀어졌어요.

어느 날 주말 저녁에 온 가족이 거실에 모였어요. 텔레비전만이 혼자서 시끄럽게 떠들고 있었고, 네 식구는 모두 스마트폰만 보고 있었죠. 그때 아빠가 말을 꺼냈어요. "음, 우리 이제 이렇게 살 수는 없어, 집에 와서 스마트폰만 바라보고 있으니 우리 가족이 점점 멀어지는 것 같구나." 엄마도 한숨을 쉬면서 아빠의 말에 동의했어요. "맞아요, 우리 이렇게 살면 안 돼요. 서로 대화도 하고 감정도 나누지 않으면 우리 가족이 무슨 의미가 있겠어요?"

아빠는 가족 모두에게 한 가지 제안을 했어요. "우리 저녁 식사할 때나 식사 후에 30분 동안 스마트폰을 내려놓고 대화를 나누는 시간을 가지자, 어떠니?" 잠시 침묵이 흘렀어요. 누구도 무슨 말을 해야 할지 몰라서 어떠한 대답도 할 수 없었지요. 그때, 엄마가 먼저 이야기를 시작했어요. "어릴 적 지민이가 공원에서 넘어져 울었는데 그때 아빠가 번쩍 안아주셔서 울음을 바로 그쳤지." 엄마의 말에 지민이가 웃으면서 말했어요. "그때 기억이 나요. 정말 아팠어요. 하지만 아빠가 안아줘서 금방 괜찮아졌어요." 지민이도 자기가 어렸을 때 겪었던 이야기를 꺼내며 웃음을 더했어요, 이렇게 썰렁했던 가족은 조금씩 대화의 물꼬를 트기 시작했어요.

며칠이 지나면서 수연이네 가족은 저녁 식사 시간과 주말에 틈틈이 대화를 나누었고, 잊고 있었던 가족 간의 사랑을 다시 발견하면서 스마트폰보다 가족들과의 대화가 더 소중하다는 것을 느끼게 됐어요. 스마트폰은 우리 생활에 유용한 도구이지만 가끔은 가족이나 친구들 간의 대화를 방해하기도 해요. 스마트폰을 사용하더라도 수현이네 가족처럼 서로를 이해하고 서로의 감성을 존중하고 함께 대화하는 시간을 보내는 것이 매우 중요하죠.

청소년 시기는 감성역량을 키우기에 최적의 시기에요. 이 시기는 신체적, 정신적으로 급격하게 변화를 겪고, 감정의 폭도 넓어지고 복잡해지죠. 이러한 복잡한 상황 속에서 다양한 경험을 통해 감성역량을 개발해야 해요. 다음은 청소년들이 감성역량을 키우기 위한 구체적인 방법들인데, 일상생활에서 활용해 보면 좋을 것 같아요.

첫째, **자기 인식을 높여야 해요.** 자기 인식은 평소 자기 생각과 감정을 이해하는 거예요. 강점, 약점, 성격 유형 등을 이해하는 것을 의미해요. 자기 인식을 높이기 위해서는 감정 일기를 써보는 게 좋아요. 매일 자신의 감정을 기록하고, 왜 그런 감정을 느꼈는지 이유들을 생각해 보는 거지요. 이는 자신의 감정을 더 잘 이해하는 데 도움이 되어요. 학교와 학원을 마치고 집에 돌아오면 마음을 차분히 하고 명상이나 깊은 호흡을 통해 하루 동안의 감정들을 정리해 보는 거예요. 내가 모르는 나의 성향들이 있을 거예요. 이런 것들은 친구나 가족 그리고 선생님으로부터 자기 행동과 감정에 대한 피드백을 듣고 겸허하게 수용해서 바꾸려는 자세가 필요해요.

둘째, **자기 조절 능력을 강화해요.** 자기 조절 능력은 감정을 통제하고, 스트레스 상황에서도 침착하게 대처하는 능력을 말해요. 선생님은 감정을 표현하는 것이 힘들었어요. 참고 참다가 도저히 못 참으면 화를 버럭 내기도 했죠. 그러면 상대방이 놀라면서 이해할 수 없다는 표정을 짓더군요. 나중에 깨달았어요. 감정을 억누르는 것이 좋은 것이 아니라는 것을. 나의 감정을 무시하거나 억누르지 말고 건강한 방식으로 표현하는 연습을 해야 해요. 순간적으로 기분이 나쁘고 화가 날 때는 잠시 자리를 피하고 운동이나 예술 활동을 통해 감정을 풀어내 보세요. 감정이 조금 수그러들면 상대방과 긍정적인 대화를 시도하는 노력을 해야 해요. 또한 긍정적인 자기 대화를 통해 자신을 격려할 수 있어야 해요.

셋째. **공감 능력 길러야 해요.** 공감 능력은 타인의 감정을 이해하고, 이에 적절히 반응하는 능력을 말해요. 친구들과 대화하다 보면 엉뚱한 행동과 말을 하는 친구들이 있을 거예요. 전혀 상대방의 감정을 이해하지 못하고 자기가 하고 싶은 것만 하는 경우죠. 타인을 존중하고 그들 입장에서 감정을 이해하려는 노력이 필요해요. 대화할 때 상대방의 말을 끝까지 듣고, 중간에 끼어들지 않는 연습을 해야 해요. 이는 상대방의 감정을 더 잘 이해하는 데 도움이 되어요. 봉사활동이나 국제 교류 프로그램에 참여하여 다양한 문화와 배경을 가진 사람들을 만나보는 것도 타인과의 공감 능력을 기르는 데 도움이 되어요.

넷째. **사회적 기술을 배워요.** 사회적 기술은 학교생활에서도 중요한데, 여러분이 성인이 되어 직장생활 하면 아주 중요하게 되죠. 직원들끼리 효과적으로 소통하고, 갈등을 해결하며, 협력적인 관계를 구축하는 능력을 말해요. '나'를 주어로 한 대화법을 사용하여 자신의 감정을 표현할 줄 알아야 하죠. "나는 이렇게 생각해요"라고 표현하는 연습을 많이 해야 해요. 그룹 프로젝트, 동아리 활동 등을 통해 팀워크와 협력의 중요성을 배우고, 동료들과의 협력적인 관계를 구축하는 연습을 해야 하지요.

다섯째, **지속적인 학습을 통해 성장해요.** 감성역량은 지속적인 학습과 연습을 통해 발전할 수 있어요. 선생님은 독서 활동을 통해서 감성역량을 이해하고 배우고 있어요. 지속해서 학습하는 방법은 선생님처럼 책 속에서 배우거나, 요즘 뜨는 유튜브 강의를 이용할 수도 있어요. 좋은 강의를 찾아 들으면서 배울 수 있죠.

기계에 더 의존하게 되는 요즘에 감성역량을 키우는 것은 매우 중요해요. 여러분은 가족이나 친구들과 대화를 많이 나누나요? 아니면 스마트폰과 대화를 더 많이 하나요? 아마도 사람보다 기계와 지내는 시간이 더 많을 거예요. 그러다 보면 인간과 인간이 소통할 수 있는 감성들이 사라질 수도 있어요. 인간이 기계가 되어가는 것이죠. 청소년 시기에 감성을 키울 수 있는 활동들에도 자주 참여해야 해요.

하이터치 시대에서 감성역량을 키우는 것은 청소년들이 미래에 성공적이고 행복한 삶을 살아가는 데 필수적인 요소라고 할 수 있어요. 감성역량은 개인의 성장과 정신적 건강, 사회적 관계, 직업적 성공에 큰 영향을 미칠 거예요.

🖋️ 미래 설계 활동 1-4

1 하이터치 시대에 감성역량이 중요한 이유는 무엇인가요?

　　(　　　　　　　　)

① 감성역량이 높을수록 더 많은 친구를 사귈 수 있다.

② 감성역량이 낮으면 높은 성적을 받을 가능성이 높다.

③ 감성역량이 높으면 최신 기술을 더 잘 사용할 수 있다.

④ 감성역량이 사람들과의 관계를 더 원활하게 하고, 스트레스를 효과적으로 관리할 수 있도록 도와준다.

2 다음 중 감성역량을 키우는 방법으로 가장 적절한 것은 무엇인가요?

　　(　　　　　　　　)

① 감정을 억누르고 혼자 해결하려고 노력한다.

② 다른 사람들의 감정을 무시하고 자기 생각만 고집한다.

③ 기술을 활용하여 사람들과의 대화를 줄이고 개인적인 시간을 늘린다.

④ 자신의 감정을 인식하고, 필요할 때 적절하게 표현하며 타인의 감정을 이해하려고 노력한다.

3 청소년 시기에 감성역량을 키우는 것이 중요한 이유 중 틀린 것은 무엇인가요?

　　(　　　　　　　　)

① 감성역량이 낮으면 자신의 감정을 잘 이해할 수 있다.

② 감성역량이 대인관계 개선에 중요한 역할을 한다.

③ 감성역량이 높아지면 정신 건강을 유지하는 데 도움이 된다.

④ 감성역량을 키우면 스트레스를 더 효과적으로 관리할 수 있다.

세계화
공동체적 삶

A씨는 한국에서 D대학교 컴퓨터공학과를 졸업한 후, 미국으로 건너가 실리콘밸리의 한 IT 회사에 취업했어요. 그는 고등학교 때부터 미국에서 직업 활동을 하고 싶어 했다고 해요. 대학교 때 꾸준하게 영어 공부와 다양한 해외 인턴십을 통해 글로벌 역량을 키웠어요. 현재 전 세계의 기술자들과 협업하며 혁신적인 기술을 개발하고 있지요. A씨는 "세계화 덕분에 다양한 문화와 언어를 가진 사람들과 함께 일하는 기회가 생겼어요"라고 말하고 있어요. 또한 국제적인 경험이 그의 꿈을 이루는 데 큰 도움이 되었다고 말하더군요.

B씨는 대학 때 프랑스 파리에 있는 유명 패션스쿨로 유학해서 공부한 후, 이탈리아 밀라노에서 디자이너로 일하고 있어요. 어릴 때부터 패션에 관심이 많았던 그녀는 한국뿐만 아니라 세계 여러 나라의

패션 트렌드를 공부하며 국제적인 감각을 키워왔어요. 이제 그녀는 다양한 국가들의 패션 시장을 분석하고 각 나라의 문화적 특성을 반영한 디자인을 선보이고 있어요. B씨는 "세계화 덕분에 패션의 경계를 넘나들며 창의적인 직업을 할 수 있었다"라고 말해요.

이들처럼 세계화는 우리에게 다양한 나라에서 일하고 경험을 쌓는 기회를 제공하고 있어요. 다양한 문화 속에서 다양한 사람들과 함께 일하며, 더 넓은 시각과 글로벌 역량을 키워나가는 것이지요. 여러분은 앞으로 진로를 생각할 때, 세계화된 사회에서의 다양한 기회를 적극적으로 탐색해 보길 바라요. 해외 유학, 국제 인턴십, 외국어 공부 등은 여러분의 미래를 더욱 빛나게 할 것이라 믿어요.

이 외에도 요리사, 드론 촬영감독, K-콘텐츠 전문가, 정보보안 전문가, 데이터 사이언티스트, 애니메이터, 로봇연구원, 국제협력가 등 해외에서 직업 활동하는 한국인들이 증가하고 있어요. 반대로 국내에서 많은 외국인이 직업 활동을 하는 모습도 볼 수 있어요.

세계화 공동체적 삶은 전 세계 사람들이 서로 연결되고 협력하며 살아가는 방식을 의미해요. 경제, 문화, 정치 등 다양한 분야에서 나타나며, 각 개인과 사회가 어떻게 전 세계적인 차원에서 상호작용하고 영향을 주는지를 이러한 삶을 보면 이해하기 쉬울 거예요. 이러한 생각들은 우리의 일상생활과 직업 선택에도 아주 큰 영향을 미쳐요.

세계화는 경제적 측면에서 가장 뚜렷하게 나타나고 있어요. 국가 간의 무역 장벽이 허물어지고, 자본, 상품, 서비스, 노동의 이동이 자

유로워지면서 전 세계 경제가 하나로 통합되고, 기업들은 글로벌 시장을 대상으로 활동하고, 소비자들은 전 세계의 상품과 서비스를 손쉽게 이용할 수 있게 된 거예요. 예를 들어, A 기업의 스마트폰 생산 공정을 보면 여러 나라에서 생산된 부품을 조립해서 만들어요. 반도체는 한국에서, 디스플레이는 일본에서, 소프트웨어는 미국에서 개발하는 식이죠. 이러한 글로벌 공급망은 각국의 경제가 밀접하게 연결되어 있음을 보여주는 사례라고 할 수 있어요.

한국의 K-POP은 전 세계적인 인기를 얻으며, 한국 문화를 세계에 알리는 역할을 하고 있어요. 반대로 우리는 10월에 핼러윈이나 크리스마스 같은 서양 문화를 받아들이면서 즐기고 있는 것이 현실이죠. 도심의 길거리를 걷다 보면 해외 음식들을 파는 식당들을 많이 볼 수 있어요. 외국인뿐만 아니라 여러분도 맛있게 먹잖아요. 이러한 문화적 교류는 각국의 문화를 이해하는 계기가 되고, 서로에 대한 이해와 존중하는 여유를 갖게 되겠죠. 세계화로 인해 다양한 인종과 문화가 공존하는 다문화 사회가 형성되었어요. 다문화란 한 국가나 사회 속의 다른 인종, 민족, 계급 등 여러 집단이 가진 문화를 의미해요. 다양한 문화적 배경을 가진 민족들이 함께 살아가는 다문화 사회는 그들이 우리와 다른 문화를 갖고 있다는 이유로 차별하고 구별하기보다는 오히려 '다름'을 인정하고 받아들임으로써 풍부한 '소통'이 될 수 있도록 해야 하는 거예요.

세계화, 다문화 사회는 교통, 통신의 발달 및 시장 경제의 활성화로 인류의 삶을 더 편리하고 풍요롭게 해줄 거예요. 그러나 그 이면에서는 사회적 불평등이 심화하고 종교와 민족을 둘러싼 갈등 또한 발생하고 있지요. 특히 최근 들어 지역 갈등의 원인이 이념이나 정치에서 문화로 바뀌고 있는 것에 주목해야 해요. 다른 문화에 대해 배타적인 태도보다는 상호 존중을 바탕으로 하는 활발한 교류가 세계 평화를 앞당기는 지름길이죠. 다문화 사회에서 자기 문화의 고유성을 지키고 타문화를 수용적으로 받아들이며, 이를 통해 도출된 다양성을 새로운 창조의 에너지로 받아들일 수 있는 태도를 가지는 것이 앞으로 살아가는 데 매우 중요하다고 볼 수 있어요.

	맛있는 세계 각국의 식사 예절 달라도 너무 달라
일본	왼손으로 밥그릇을 들고 오른손으로 젓가락을 사용해 음식을 먹는다. 또한 음식이 입으로 향하는 것이 옳은 일이며, 입이 음식으로 향하는 것은 짐승만 하는 행동이라 여겨 식사할 때 상반신을 앞으로 숙이지 않는다. 또한 숟가락을 사용하지 않고 젓가락만을 사용하는 것이 예절이기 때문에 국을 먹을 때도 국그릇을 손에 들고 젓가락을 이용해 건더기를 먹은 후 국물을 마신다.
중국	식사할 때 젓가락을 식탁에 세게 내려놓거나 젓가락으로 음식을 찌르는 등의 행위를 예의에 어긋난다고 생각한다. 또한 음식을 모두 먹어 치우면 '준비한 음식이 부족했다'라는 의미로 해석하므로 음식을 조금 남기는 것이 예의이다. 단 개인용 접시에 담은 음식은 남기지 않는 것이 예의이며, 개인용 접시에 음식을 담을 때에는 공용 수저를 이용해야 한다.
태국	그릇 위에 젓가락을 올려두는 행위가 죽음을 의미한다고 여긴다. 따라서 식사할 때 그릇 위에 젓가락을 올려두지 않도록 주의해야 한다. 또한 포크로 음식을 찍어서 먹지 않아야 한다. 포크는 숟가락 위에 음식을 얹었을 때만 사용한다. 아울러 음식을 먹을 때는 천천히 소리 내지 않고 입술을 오므린 채 먹어야 하며, 국물이 있는 음식은 손으로 그릇을 들지 않고 숟가락으로 떠서 먹어야 한다.
인도	인도는 주로 손으로 음식을 먹는 것으로 알려져 있지만, 식당에서는 숟가락과 포크를 사용하기도 한다. 식사 전후에 손을 깨끗이 씻어야 하고, 식사할 때는 오른손을 사용해 음식을 먹어야 한다. 식사 중 이야기하는 것을 무례한 행동이라고 여기므로 오롯이 식사에 집중하는 것이 좋다.
영국	영국은 테이블 매너를 중요시하는 나라인 만큼 어려서부터 나이프와 포크를 이용해 올바르게 식사하는 방법을 배운다. 모든 사람이 음식을 제공받기 전까지 식사하지 않도록 주의한다. 입을 벌린 채 음식을 씹는 것은 상대방을 배려하지 않는 태도이므로 삼가야 한다. 식사하는 동안 팔꿈치를 테이블에 올려놓는 것은 무례한 행동이다.
독일	독일은 식사 예절을 상당히 중요하게 여긴다. 비즈니스와 관련된 상황에서 음식을 쩝쩝거린다거나 후루룩거리며 마시는 습관은 큰 불쾌감을 줄 수 있다. 그러나 감기가 빈번한 나라인 만큼 식탁에서 코를 푸는 행위는 예절에 어긋나지 않는다. 음식을 권할 때 상대방이 'NO'라고 대답하면 거듭 강요해서는 안 된다.

세계 각국의 전통축제를 알아볼까요

국가명	전통축제	내용
독일	옥토버페스트 (Octoberfest)	독일에서 매년 10월에 열리는 축제다. 맥주와 소시지를 비롯한 독일의 전통음식과 함께 즐기는 축제다.
일본	오사카 가와치마치 (Kawachi Matsuri)	일본 오사카에서 매년 7월에 열리는 축제다. 수천 개의 미니어처 보트가 강을 따라 흐르는 모습이 인상적이며, 축제 기간 동안에는 다양한 전통문화 체험도 가능하다.
인도	홀리 (Holi)	인도에서 매년 3월에 열리는 축제다. 이 축제는 색가루를 뿌리며 축하하는 축제로, 인도의 전통문화를 체험할 수 있다.
브라질	리우 카니발 (Rio Carnival)	브라질에서 매년 2월에 열리는 축제다. 세계에서 가장 유명한 축제 중 하나로, 다양한 복장과 춤으로 활기 넘치는 축제다.
중국	춘제 (Spring Festival)	중국에서 매년 1월에 열리는 축제다. 이 축제는 중국의 가장 중요한 전통축제 중 하나로, 가족들이 모여 함께 식사하며 새해를 맞이한다. 불꽃놀이와 노래, 춤 등 다양한 문화 행사가 열린다.

🔦 미래 설계 활동1-5

---

1 '세계화'란 무엇을 의미하나요?

    (   )

① 세계 여러 나라가 하나의 정부를 만드는 것

② 모든 나라가 동일한 문화를 가지게 되는 것

③ 특정 국가만이 강력한 힘을 가지게 되는 것

④ 세계 여러 나라가 경제, 문화, 기술 등 다양한 분야에서 상호 의존하고 연결하

    는 과정

2 공동체적 삶에서 중요한 요소는 무엇인가요?

    (   )

① 모든 결정을 혼자서 내리는 것

② 다른 사람들과의 경쟁에서 이기는 것

③ 나와 같은 생각을 가진 사람들과만 어울리는 것

④ 다른 사람의 필요와 감정을 이해하고, 함께 협력하여 살아가는 것

3 세계화의 장점 중 하나를 설명하고, 그 장점이 공동체적 삶에 어떤 긍정적인 영향을 미치는지 쓰세요.

[예시] 세계화의 장점 중 하나는 다양한 문화와 생각을 쉽게 접할 수 있다는 것이다. 이는 공동체적 삶에서 서로 다른 배경을 가진 사람들을 이해하고 존중할 수 있게 도와준다. 다양한 문화와 생각을 받아들이는 것은 공동체의 발전에 긍정적인 영향을 미친다.

[내 생각은]

4 세계화가 진행되면서 공동체적 삶을 유지하기 위해 우리가 해야 할 일은 무엇인지 구체적으로 쓰세요.

[예시] 우리는 다른 문화와 관습을 존중하고, 다양한 배경의 사람들과 협력할 수 있는 자세를 가져야 한다. 또한, 지역 사회와 세계가 연결되어 있다는 인식을 가지고, 환경 보호나 인권 문제와 같은 글로벌 이슈에도 관심을 가져야 한다. 이러한 노력이 공동체적 삶을 유지하는 데 중요한 역할을 하게 된다.

[내 생각은]

PART 2

진로와
나의 이해

나의 진로 특성
파악하기

《가방을 들어주는 아이》라는 책으로 유명한 고정욱 작가는 "나의 핵심 역량은 책 읽기에서 비롯되었다"라고 하셨어요. 작가님은 다섯 살부터 시작한 독서가 핵심 역량이 되었고, 평생을 함께하게 되었대요. 책을 통해 인생을 배웠고, 삶의 고민을 알게 되었다고 해요. 장애의 고통을 뛰어넘을 수 있는 지혜도 얻었대요. 요즘도 계속 책을 읽는데, 책 안에는 너무나 많은 가르침이 있다고 하더군요. 작가님이 스스로 얘기했듯 책이야말로 위대한 스승이라고 생각해요. 작가님은 지금도 전국을 다니면서 강의하고, 370여권의 책을 출간하면서 열정적인 삶을 살고 있어요. 작가님은 어려서부터 읽기 시작한 책 속에서 진로 특성을 찾았고, 그것이 평생의 업으로 이어진 거예요.

여러분은 '진로 특성'이 뭔지, 어떤 일을 하면서 먹고 살지를 고민

해 본 적 있죠? '나는 교사가 될 거야', '나는 돈을 많이 벌어서 어려운 사람들을 도우며 살 거야' 등 나름대로 각자의 꿈과 비전이 있을 거예요. '진로 특성'은 그런 꿈과 목표와 관련하여 개인의 특성으로 나타나는 흥미, 적성, 가치관, 성격 등을 말해요. 고정욱 작가님처럼 책 속에서 찾을 수도 있고, 중고등학교 시절에 체험했던 프로그램이나 진로 특강에서 강사님들의 말 한마디에서도 발견할 수 있어요. 인간은 누구나 자신만의 고유한 진로 특성을 가진 소중하고 가치 있는 존재예요. 지금부터 나의 성향을 파악하는 방법을 알아볼 텐데, 우선 흥미와 적성에 대해 살펴볼 거예요. 여러분은 어떤 성향인지 함께 살펴보면 좋을 것 같아요.

진로 특성 첫 번째는 **직업에 대해 어떤 흥미를 느끼고 있는가**를 살펴보는 거예요. 학교 진로 수업 시간에 홀랜드의 흥미 유형 6가지를 배웠을 거예요. 존 홀랜드(John Holland)는 사람과 직업 환경을 6가지 유형으로 분류해서 개인의 직업 선호도와 성격에 맞는 직업을 찾는 데 도움을 주고 있어요.

현실형은 실재형이라고도 하는데, 신체활동과 야외 활동을 즐기며 손으로 하는 일을 좋아하기도 하고 물건이나 기계, 도구, 식물 또는 동물과 일하는 것을 좋아해요. 어린 시절부터 자동차 엔진이 어떻게 작동하는지에 관심이 있어서 삼촌이 운영하는 자동차 정비소에서 자동차 고치는 일을 배우고 있다면 자동차 관련 직업에 잘 맞을 수 있겠지요.

탐구형은 호기심을 가지고 탐구하고 분석적인 활동을 좋아하는 경우예요. 평소 유튜브에서 과학, 우주, 지구 자연 세계 등의 영상을 많이 보고, 과학 분야에 호기심이 있다면 과학 연구나 의학 분야의 직업에 흥미를 느끼고 있는 거라고 볼 수 있어요.

예술형은 창의적이고 상상력이 풍부하며 표현력이 아주 뛰어나요. 음악이나 예술적인 활동을 즐길 줄 알고 감수성이 뛰어나다고 볼 수 있어요. 평소 그림 그리기를 좋아해 수업 중에도 노트에 끄적끄적 그림을 그리거나 학교에서 여는 백일장이나 미술대회에서 상을 탔다면 예술 감각이 있다고 볼 수 있겠지요. 예술적인 관심은 음악, 미술, 작가, 배우 등의 직업 활동과 관련이 있는 거예요.

사회형은 협력적이고 다른 사람을 돕는 일을 좋아해요. 친구 중에 수학이나 영어 공부할 때 친구에게 설명을 잘하는 학생이 있을 거예요. 또는 주변 사람들을 배려하고 존중하면서 상대방의 고민도 잘 해결해 주는 친구들은 사회형의 성향이 강하다고 볼 수 있어요. 교사, 간호사, 상담사, 사회복지사 등이 대표적인 직업이에요.

진취형은 기업형이라고도 불러요. 친구들을 이끌고 설득하며 관리하는 것을 즐기는 사람이에요. 이런 사람들은 야심이 있고 에너지가 넘치며 모험심이 강한 것이 특징이에요. 학교 회장이나 임원 활동을 즐기는 친구들이 이 유형에 흥미가 있는 거라고 말할 수 있어요. 정치인, 기업 임원, 외교관 등의 직업 활동과 관련이 있어요.

관습형은 계획적으로 학습활동을 하고, 성실하고, 책임감도 강하며, 안전을 지향하는 일을 선호하는 성향이 있어요. 학교 행사 활동이나 수행평가를 체계적으로 관리해서 알려 주는 친구들이 있을 거예요. 이 친구들이 관습형의 성향이 있다고 볼 수 있어요. 비서, 사서, 공무원, 회계사, 세무사 등의 직업 활동이 대표적이에요.

지금까지 설명한 홀랜드의 6가지 유형을 잘 이해했다면 여러분이 자신의 선호도와 강점에 맞는 직업을 찾는 데 도움이 될 거예요. 나의 흥미 유형을 알고 싶다면 커리어넷과 워크넷에서 무료로 검사할 수 있어요. 검사 결과 관련된 직업 정보도 알려 주고 있으니 1년에 한 번 정도 여러분의 흥미 유형에 대해 살펴보면 좋을 것 같아요.

다음으로 직업 적성에 대해 알아볼까요? 적성은 어떤 과제나 일을 하는데 개인에게 요구되는 특정한 잠재 능력을 말해요. 직업 적성은 특정 직업에 대한 잠재 능력이나 소질을 말하고요. 적성에 맞는다는 건 그 일을 쉽게 익히고 잘 적응해서 성공할 가능성이 크다는 뜻이죠. 직업 적성 영역에는 11가지가 있는데 간단히 살펴볼게요.

언어능력은 말과 글로 생각과 감정을 표현하고 이해하는 능력이에요. 주변에 말을 유창하게 잘하는 친구나 글을 잘 쓰는 친구들도 있을 거예요. 이런 친구들이 언어능력이 뛰어나다고 말할 수 있죠.

음악능력은 노래 부르고 악기를 연주하며 감상할 수 있는 능력이에요. 선생님은 노래를 엄청나게 싫어해요. 하지만 공부 성적은 낮은데 유독 노래 가사를 잘 외우고 악보 안 보고 노래를 유창하게 하는 친구가 있었어요. 결국 이 친구는 음악가로, 또 음악 관련 분야에서 직업 활동을 하며 먹고 살고 있죠.

창의력은 독특하고 새로운 방식으로 문제를 해결하고 아이디어를 내는 능력이에요. 로봇공학자 데니스 홍은 어려서 스타워즈를 보고 과학자가 되겠다고 선언했대요. 집에 있는 전자 제품들을 분해해 보고 실험도 하면서 로봇공학자의 꿈을 키웠다죠.

신체 운동 능력은 운동, 균형, 민첩성 등 몸으로 느낌을 조절하고 표현하는 능력이에요. 여러분이 좋아하는 야구, 축구 선수들이 어려서부터 신체 운동 능력이 뛰어난 적성을 가지고 있었던 거예요.

자기 성찰 능력은 자신을 돌아보고 생각과 감정을 파악하여 조절하는 능력을 말해요. 대표적인 직업이 종교인이나 심리상담전문가 등이 있어요.

대인 관계 능력은 다른 사람의 기분, 감정을 이해하고 더불어 살아갈 수 있는 능력을 말해요. 주변 친구들을 보면 처음 만나는 사람에게도 쉽게 접근해서 친구로 만드는 경우가 있을 거예요. 이런 친구들은 대인 관계 능력이 뛰어나다고 볼 수 있어요.

손 재능은 손으로 정교한 직업을 할 수 있는 능력을 의미해요. 선생님은 몇 년 전에 눈꺼풀 제거 수술을 받았는데, 성형외과 의사 선생님이 좁은 공간에서 아주 정교한 손놀림으로 꿰매는 걸 보고 신기해한 적이 있어요. 의사 선생님은 손의 정교함을 유지하기 위해 어려서부터 뜨개질을 많이 했다더군요.

공간 지각 능력은 머릿속으로 사물의 형태와 이미지를 그리며 생각할 수 있는 능력을 말해요. 커다란 캔버스에 만화를 그린다거나 빈 공간에 물건 배치를 잘하는 사람이 이에 해당되지요.

수리 논리력은 논리적으로 생각하고 추리 및 숫자를 효과적으로 사용하는 능력을 말해요. 수학자, 과학자, 물리학자 등이 여기에 해당하죠.

예술 시각 능력은 사물의 형태, 색상, 구도, 질감 등을 정확하게 인식하고, 그 시각적 정보를 바탕으로 실제로 구현해 낼 수 있는 능력을 말해요. 사진작가, 큐레이터, 출판물 전문가, 영화감독 등의 직업인들이 해당하죠.

자연 친화 능력은 자연에 관심을 갖고 자연 현상을 관찰, 이해, 탐구, 응용, 분류하는 능력을 의미해요. 생명공학자, 농업 종사자 등의 직업인들이 해당하죠.

직업 적성 영역		
언어능력	음악능력	창의력
신체 운동 능력	자기 성찰 능력	대인 관계 능력
손 재능	공간 지각 능력	수리 논리력
예술 시각 능력	자연 친화력	

진로 목표를 설계할 때 가장 중요한 흥미 유형과 적성 유형에 대해 살펴봤어요. 여러분이 미래의 진로 목표를 세울 때는 흥미와 적성을 정확히 파악하는 것이 무엇보다 중요해요. 더 중요한 것이 뭔지 알아요? 흥미와 적성은 평생 고정된 것이 아니라는 점이에요. 여러분이 일상생활에서의 경험과 학교에서 배우는 학습을 통해 계발되고 변할 수 있음을 꼭 알아야 해요. 고등학교까지 일 년에 한 번 정도 커리어넷이나 워크넷에서 검사해 보면 좋을 것 같아요. 단, 커리어넷과 워크넷 검사 결과는 흥미와 적성을 찾는 데 참고 자료로만 활용하고 너무 맹신하지 않도록 해요. 흥미와 적성은 변할 수 있어서 평소 내가 관심 있는 흥미가 무엇인지 내게 잠재된 적성이 무엇인지를 찾아내고 계발하려는 끊임없는 노력이 필요하지요. 많이 보고 많이 경험할수록 여러분의 속성에 대해 더 깊고 넓게 이해하게 될 거예요. 그러려면 경험을 많이 하는 활동에 적극적으로 참여해야겠죠.

흥미, 적성검사를 해 볼 수 있는 곳

커리어넷 https://www.career.go.kr/

워크넷 https://www.work.go.kr/

✏️ 미래 설계 활동 2-1

1 커리어넷에서 직업 흥미 유형 검사를 한 후, 결과를 정리해 보자.

커리어넷(https://www.career.go.kr → 진로 심리 검사 → 직업 흥미 검사 K형(15분 소요)

1순위 유형	2순위 유형

2 직업 흥미 유형 검사 결과에서 제시한 직업 중 관심 있는 직업 세 가지를 적어 보자.

3 직업 흥미 유형 검사를 하면서 새롭게 알게 된 점이나 느낀 소감을 30글자로
적어 보자.

긍정적인 자아개념
형성하기

진로 독서 활동 시간에 학생들이 책을 읽는 동안 선생님은 진로 상담을 진행했어요. 새 학기가 시작하고 의기소침하게 앉아 있던 M을 먼저 불렀지요. 중학생이 된 M이 친구 관계에서 어려움을 겪고 있었어요. 친구들이 자신을 좋아하지 않는다고 생각하면서 점점 소극적으로 변했던 거예요. 스스로 고립감을 느끼며 자신감도 잃어가고 있었어요. 선생님은 M에게 자기 자신에 대해 긍정적으로 생각할 수 있도록 도와주기 위한 몇 가지 방법을 알려줬어요.

첫 번째 단계는 **자신의 장점을 알아차리는 거**예요. 질문 카드를 주고서 잘하는 것과 좋아하는 걸 써보라고 했어요. M은 처음에 뭘 적어야 할지 막막해하더니, 곧 따뜻한 마음과 성실함, 그리고 친구들을 잘 도와주는 성격이라고 적었어요. 선생님은 잘했다고 칭찬했어요.

두 번째는 단계는 **자신과 긍정적으로 대화**하도록 해줬어요. 매일 아침저녁 거울을 보면서 '나는 가치 있는 사람이야', '나는 친구들에게 좋은 친구야'라고 하면서 자신감을 회복할 수 있도록 했어요. 상담이 끝나고 집에 가서 처음에는 힘들었지만 자주 하다 보니 자연스럽게 아침저녁으로 거울을 보면 긍정적인 말을 하게 된다고 하더라고요.

세 번째 단계는 **작은 목표를 설정하고 이를 달성하게 하는 거**였어요. 평소 실천하기 쉬운 것부터 목표를 세우고 실천하는 것이지요. '오늘은 친구에게 먼저 다가가서 인사하기', '오늘은 수업 시간에 한 가지 질문하기'와 같은 작은 목표들을 하나씩 달성하며 자기 능력에 대한 믿음을 키워나가도록 했어요. 한두 달 지나고 나니까 예전의 M 모습은 사라지고 친구들과 스스럼 없이 잘 지내고 있더라고요. 지금은 긍정적이고 자신감이 가득한 학교생활을 하는 것을 볼 수 있어요.

긍정적 자아개념은 자신을 사랑하고 존중하는 마음가짐을 의미해요. 이는 우리의 삶에 매우 중요한 영향을 미치게 되지요. 특히 사춘기가 시작되는 중학생 시기에는 더욱더 중요한 것 같아요.

그럼, 왜 우리는 긍정적으로 생각하고 행동해야 하는지의 필요성에 관해 이야기해 볼게요.

일상생활을 긍정적으로 생각하면 자신감을 향상할 수 있어요. M

처럼 자신감을 회복하면서 친구들에게 쉽게 다가서게 되지요. 항상 자기 능력과 잠재력을 믿고 자신감 있게 행동할 수 있는 거예요. 이는 학업, 대인관계, 진로 등 다양한 분야에 긍정적인 영향을 미쳐요. 예를 들어, 중학교에 들어가 처음 시험을 봤는데, 수학에서 좋은 성적을 받은 학생은 자신의 수학 능력에 대한 자신감을 가지고 다음 시험에서도 좋은 결과를 얻기 위해 노력해요.

긍정적인 마음가짐은 성취감을 얻는 데 도움이 돼요. 학교 축제나 체육대회에 참가해 우승을 한 학생은 자신의 운동 능력이나 음악적인 능력에 대한 성취감을 느끼겠지요. 이렇게 자신이 이룬 성과에 대해 성취감을 느끼며, 이를 바탕으로 더 나은 성과를 이루기 위해 노력할 수 있는 계기가 되겠죠.

긍정적인 관점으로 세상을 바라보면 친구들과 관계가 좋아질 수 있어요. 타인을 존중하고 배려하며, 대인관계를 원활하게 유지할 수 있게 되어요. 친구나 선생님뿐만 아니라, 가족이나 이웃과의 관계에서도 긍정적인 영향을 미치지요. 예를 들어, 친구의 고민을 들어주고 조언해주는 학생은 자신의 대인관계 능력에 대한 자신감을 가지고 다른 친구들과도 원활하게 지낼 수 있는 계기가 되겠지요.

학교생활이나 성인이 되어 직장생활을 하다 보면 스트레스를 받게 되잖아요. 이럴 때 부정적인 생각보다 긍정적인 마음가짐이 스트레스를 감소시켜 줘요. 긍정적 마음가짐은 스트레스에 대한 대처 능력이 뛰어나기 때문에 스트레스를 덜 받게 되는 거죠. 시험공부를 열심히 했는데 시험 당일 긴장되어서 시험을 제대로 볼 수 없다면 결과는 생각했던 것보다 좋지 않을 거예요. 그런데 시험공부를 마무리하고 당당하게 할 수 있다는 믿음이 강한 학생은 자기 능력을 믿고 자신감 있는 태도로 시험을 봅니다. 그리고 당당하게 노력한 만큼의 성적을 받아요. 행복하고 즐겁게 세상을 살아가려면 일상생활에서 얼마만큼 스트레스를 받지 않느냐가 중요한 것 같아요.

자아실현이라고 들어봤죠. 내 꿈을 완성했을 때의 만족감, 행복감이죠. 긍정적 자아개념을 가진 학생은 자신의 꿈과 목표를 이루기 위해 노력하고, 이를 통해 자아실현을 이루게 되죠. 예를 들어, 가수가 되고 싶은 학생은 자신의 음악적 재능을 믿고 노력하여 가수로 성장하는 계기가 될 수도 있을 거예요.

긍정적 마음가짐과 부정적 마음가짐은 종이 한 장 차이라고 할 수 있어요. 성공한 사람 대부분은 긍정적으로 도전한 사람들이에요.

여러분은 성장 마인드셋과 고정 마인드셋이라는 걸 들어봤나요? 인간에게는 자기의 능력과 지능에 대해 어떻게 생각하는지를 나타내는 두 가지 사고방식이 있어요. 바로 성장 마인드셋과 고정 마인드셋이에요. 중간고사를 봤는데 수학 점수가 생각보다 낮게 나왔다고 해봅시다. 성장 마인드셋을 가진 학생은 "이번 시험은 나에게 어려웠지만, 나는 더 나아질 수 있어, 더 많이 공부하고 연습하면 다음번 기말시험에서는 잘할 수 있을 거야"라고 생각해요. 자신이 공부하면서 부족했던 것을 찾아보고 선생님에게 질문도 하면서 문제점을 해결하려고 노력하죠. 고정 마인드셋을 가진 학생은 "나는 원래 소질이 없어. 아무리 노력해도 잘할 수 없을 거야"라고 생각해요. 부정적으로 생각하다 보니 더 노력도 하지 않고 포기하죠. 중학교부터 수학을 포기하면 어떻게 될까? 내가 원하는 걸 이루는 데 걸림돌이 될 수도 있어요. 지금 수학 시험 사례를 살펴봤듯이 성장 마인드셋은 실패나 어려움을 학습과 성장의 기회로 여기고, 노력과 연습을 통해 능력을 향상할 수 있다고 믿는 마음이에요. 고정 마인드셋은 능력과 지능이 고정되어 있다고 믿으며 실패나 어려움을 자신의 한계로 여기고 더 이상의 노력을 기울이지 않는 걸 말해요.

뇌과학자 길버트 고틀리프(Gilbert Gottlieb)는 "우리가 자라면서 유전자와 환경이 서로 협력할 뿐 아니라, 환경이 올바르게 작동함으로써 유전자가 비로소 제 역할을 다할 수 있는 것입니다"라고 말했어요. 선생님이 살아보니까 인간의 지적 능력을 포함한 사람마다의 자질들도 노력하면 성장할 수 있는 것 같아요. 마인드셋에 따라 세상이 바뀌어 간다고 생각할 수 있지요. 벤저민 바버(Benjamin Barber)는 "세상은 강자와 약자, 또는 승자와 패자로 구분되지 않는다. 다만 배우려는 자와 배우지 않으려는 자로 나뉠 뿐이다"라는 명언을 남겼어요. 성공이라는 건 배움에 달려있다는 의미죠. 성장 마인드셋을 가진 사람은 기회가 오면 도전하고 배우려고 하지만 고정 마인드셋을 가진 사람은 자신의 약점을 보이는 것을 원치 않는 경우가 많다 보니 성공 기회를 얻지 못하는 것뿐이에요. 능력이 뛰어난 사람도 배움 활동이 없으면 더 이상 성장하지 못하는 경우도 발생하게 되지요.

'천재' 하면 여러분은 어떤 것이 떠오르나요? '천재'라고 불리는 사람들은 어떤 삶을 살아왔을까? 현재의 성과를 내기 위해 부단히 노력한 사람들이겠지요. 아무리 능력이 뛰어나도 그 능력을 발휘해서 좋은 결과를 얻으려면 '노력'이 필요해요. 재능은 키울 수 있다는 믿음이 사람들의 숨겨진 능력을 이끌어 낸다고 할 수 있어요.

성장 마인드셋과 고정 마인드셋이 무엇인지 이해하기 쉽게 표로 보여줄게요.

79쪽의 표를 살펴보면 결국 성장 마인드셋을 기르고 유지하는 것이 개인의 성공과 행복에 중요한 역할을 하고 있음을 알 수 있어요. 실패와 어려움을 회피하기보다는 부딪혀서 극복하고, 지속적인 노력을 통해 자기의 잠재력을 최대한 발휘할 수 있는 능력이 있음을 믿어야겠지요. 이를 통해 더 큰 성취와 만족으로 경험할 수 있고, 더 나은 미래의 삶을 만들어 갈 수 있으리라 생각돼요.

여러분은 스스로 자신의 발전 가능성을 믿으세요. 발현되지 않은 잠재 능력을 스스로 믿는 자만이 성장하고 성공할 수 있어요. 움직이지 않고 부정적인 시각으로 세상을 바라보기보다는 적극적으로 움직이고 행동하면서 긍정적으로 살아가려는 습관을 지금 청소년 시기부터 갖추길 바라는 마음이에요.

	고정 마인드셋	성장 마인드셋
기본 전제	지능은 정해져 있다.	지능은 성장할 수 있다.
욕구	남들에게 똑똑해 보이고 싶다.	더 많이 배우고 싶다.

따라서…

	고정 마인드셋	성장 마인드셋
도전 앞에서	도전을 피한다.	도전을 받아들인다.
역경 앞에서	쉽게 포기한다.	맞서 싸운다.
노력에 대해서	하찮게 생각한다.	완성을 위한 도구로 여긴다.
비판에 대해서	옳더라도 무시한다.	비판으로부터 배운다.
남의 성공에 대해서	위협을 느낀다.	교훈과 영감을 얻는다.

	고정 마인드셋	성장 마인드셋
결과	현재 수준에 정체되고 잠재력을 발휘하지 못한다.	잠재력을 발휘해 최고의 성과를 낸다.

미래 설계 활동 2-2

1 지수의 사례를 잘못 설명한 것은 무엇인가?

(   )

지수는 중간고사 수학 시험에서 낮은 점수를 받았다. 처음에는 실망했지만, 그는 곧 자신의 약점을 보완하기 위해 더 많은 시간을 할애하고 공부 방법을 점검하기로 했다. 지수는 매일 조금씩 더 열심히 공부했고, 다음 시험에서는 점수를 크게 올릴 수 있었다. 그녀는 자신이 노력하면 더 나아질 수 있다는 믿음을 가지고 있었기 때문에 포기하지 않았다.

① 실패를 통해 배운다.

② 어려운 문제를 해결하려고 노력한다.

③ 도전에 직면했을 때 포기하지 않는다.

④ 현재의 능력을 그대로 받아들이고 발전하지 않는다.

2 다음 중 긍정적인 자아개념을 가진 사람의 특징으로 가장 적절한 것은 무엇일까요? (   )

① 다른 사람의 시선을 지나치게 의식한다.

② 자신의 부족한 점만 집중적으로 생각한다.

③ 실패했을 때 스스로를 계속해서 비난한다.

④ 새로운 도전이나 어려움에 대해 긍정적으로 생각한다.

바람직한
직업인의 삶

　3,500톤의 배가 5년의 항해를 마치고 조선소에 들어오면 100여 명의 기술자들이 배를 수리하기 시작한다. 귀가 찢어질 듯한 굉음을 이겨내며 곳곳에서 일하고 있는 기술자들, 용접하면서 생기는 불꽃과 여기저기 쌓여 있는 철제물, 튀어나와 있는 전선, 그리고 기름이 묻어 있는 계단. 카메라를 들고 위태로운 철제 계단을 내려가는데 무서워 식은땀이 나기 시작했다. 까딱하면 저 아래로 떨어질 것 같았고, 잘못해서 불꽃이 나에게 튀면 어떡하나 덜덜 떨리기까지 했다. 그렇게 나는 계단 하나하나를 조심스럽게 내려가 용접을 하는 한 기술자를 만났다. 60대의 그는 이 일을 해온 지 이제 40년이 다 되어간다고 했다. 한참 더운 여름에 온몸을 덮는 작업복과 용접의 불꽃까지 더해져 그의 얼굴은 땀으로 범벅되어 있었다.

용접을 마치고 목이 마른지 생수병을 찾는 그에게 나는 물었다. "힘드시죠?" 그러자 그는 활짝 웃으며 말했다. 이 기술로 밥벌이를 해 온 게 40년이 다 되어 가는데 그동안 자기 손을 거쳐나간 배가 셀 수 없이 많아 참 뿌듯하다고. 자신이 고친 배가 바다로 나가는 걸 볼 때마다 그렇게 기쁠 수가 없다고 말하며 생수를 꿀꺽꿀꺽 마시는데 그 물이 그렇게 맛나 보였다. 그래, 저런 마음가짐으로 일을 한다면 온몸이 젖을 정도로 땀을 흘린 후 마시는 물은 얼마나 달까? 나는 그에게 "힘드시죠"라는 말 대신 "멋있으세요"라는 말을 건넸다.

위의 글은 박지현 작가의 《참 괜찮은 태도》(메이븐 펴냄)라는 책에 나오는 이야기예요. 용접 기술자의 말 한마디에서 우리는 바람직한 직업인의 삶이란 무엇인지를 생각해 볼 수 있는 내용이죠. 기술자가 힘든 과정의 일을 마치고 환하게 웃을 수 있었던 이유에 대하여 생각하면서 직업인의 역할과 어떻게 직업 활동을 해야 하는지를 배울 수 있어요.

준호와 수진이는 방학 숙제를 하기 위해 부모님이나 가족분들의 직업을 탐방하기로 했어요. 진로 선생님은 방학 중 부모님 직장을 탐방한 후 '바람직한 직업인이란 무엇일까?'에 대해 조사하고 이걸 과제로 제출하라고 했기 때문이에요.

우선 준호 아버지가 근무하는 경찰서를 찾았어요. 준호 아버지는 15년 경력을 자랑하는 베테랑 경찰관이거든요. 준호와 수진이는 일일 경찰관으로 임명되어 체험을 시작했어요. 우선 아침 회의에 참석했어요. 이 회의에서는 지난밤의 사건들을 리뷰하고, 당일 처리해야 할 업무들을 분담했어요. 회의가 끝난 후 경찰이 된 두 학생은 아버지와 함께 지역 순찰을 하기 위해 경찰 순찰차에 탔어요. 순찰하는 방법이나 순찰차에서 경찰서와 송수신하는 방법 등을 배웠어요. 상가가 밀집한 골목길에 차를 세우고 골목을 순회하면서 주민들과 이야기를 나누며 그들의 불만과 요구사항들을 들어주는 아버지의 모습이 멋져 보였어요. 돌아오는 길에 아버지는 주민들과 신뢰를 쌓기 위해 노력해야 한다고 말씀을 해주셨어요. 경찰서로 돌아오는데 긴급 무전이 왔어요. 도난 사고가 실제로 일어난 거예요. 사고 지역으로 바로 출동했지요. 아주 긴박한 상황이 벌어졌어요. 사건 현장에 도착해서 주변 지역의 CCTV 영상을 분석하고, 증인들을 인터뷰하면서 범인의 인상착의를 그려나갔어요. 아버지는 "사건 하나하나가 소중한 사람들의 삶에 영향을 미친다"라고 하시면서 모든 사건을 진지한 태도로 성실하게 다뤄야 한다고 말씀해 주셨어요.

사건을 마무리하고 경찰서로 돌아온 우리는 회의실에 앉아서 경찰 체험 소감을 나누고 경찰관으로서의 바람직한 자세는 무엇인지에 대해 알게 되었어요. 경찰 체험을 하면서 알게 된 사실은 직업인으로써 책임감이 있어야 한다는 것이었어요. 맡은 일에 대한 책임을 지고 끝까지 최선을 다하는 것이죠. 직장 내에서 책임감 있는 행동은 프로젝트를 성공적으로 완료하게 되고, 고객의 신뢰를 얻게 되죠.

성실함은 일관성 있게 맡은 업무에 대해 성실하게 수행하는 것이에요. 학생은 학생으로서 맡은 일에 성실해야 하고 경찰관은 경찰의 업무에 성실한 자세로 임해야 하는 것이에요.

정직함은 모든 일에 정직하게 행동하는 것이에요. 거짓말을 한다면 직장 내에서 근무할 수 없게 되고 동료들과의 관계에서도 불편해지겠죠.

시간 관리 능력도 갖추어야 해요. 출퇴근 시간뿐만 아니라 동료들과의 약속 시간을 잘 지키고 항상 효율적으로 시간을 관리하는 자세로 일을 해야 해요.

협력과 팀워크도 중요하죠. 동료와 협력하여 목표를 달성하고, 팀의 일원으로서 역할에 충실해야 해요. 그래야 회사가 성장하겠죠.

소통 능력은 명확하고 효과적으로 의사소통하며, 피드백을 적극적으로 수용하는 자세를 가져야 해요.

자기 계발도 게을리하면 안 돼요. 지속해서 공부해야 해요. 자격증을 취득할 수도 있고 독서와 연수 프로그램에 참여를 통해 새로운 지식을 습득할 수 있죠.

회사에서 직원들의 **도전정신**은 매우 중요해요. 새로운 도전을 두려워하지 않고, 실패를 두려워해서는 안 되죠.

윤리 의식도 정말 중요한 태도예요. 직업윤리를 지키고 부당한 이득을 취하지 않아야 해요. 윤리 의식이 희미한 회사는 성장하지 못하고 파산하게 됩니다.

적응력도 필요해요. 지금 우리는 인공지능 시대에 살고 있죠. 변화하는 환경에 유연하게 대처하고 빠르게 적응해야 직장에서 인정받고 오래도록 근무할 수 있겠죠.

직업 활동에서 나 혼자만 잘났다고 생활할 수는 없어요. 선생님이 살아오면서 어떤 사람이 함께 일하고 싶은 사람인지 아니면 함께 일하고 싶지 않은 사람인지 생각을 해봤어요. 함께 일하고 싶은 사람으로는 유머가 있고 여유가 있는 사람, 배려와 존중하는 사람, 긍정적이고 표정이 밝은 사람, 친절하고 책임감 있는 사람, 소통이 잘 되는 사람, 즐겁고 유쾌한 사람, 공감대 형성이 잘되는 사람들이었어요.

함께 일하고 싶지 않은 사람은 소통이 안 되는 사람, 일도 못 하면서 자랑만 하는 사람, 무책임한 사람, 불평불만이 많은 사람, 주변 사람들에게 갑질하는 사람, 교무실에서 큰 소리로 떠드는 사람, 공감하지 못하고 자기 말만 하는 사람들이었어요.

여러분은 지금 학교생활을 어떻게 하고 있을까요? 한 번 생각해 봐요. 함께 일하고 싶은 사람처럼 행동하고 있는지 아니면 함께 일하고 싶지 않은 사람처럼 행동하는지 살펴보길 바라요.

이런 행동들은 한 순간에 몸에 익숙해진 것이 아니에요. 어려서부터 평소 습관으로 굳어진 행동이죠. 될 수 있으면 주변 사람들이 함께 일하고 싶은 사람으로 살아야 하지 않을까요?

1 다음은 직업인 창훈 씨의 하루 일과입니다. 직업인으로서 가장 큰 문제는 무엇이라고 생각하는가? (   )

- 9시보다 20분 늦게 사무실에 출근했다.
- 동료들과의 연락 중, 자신의 업무와 관련 없는 인터넷 쇼핑을 했다.
- 고객과의 만나기로 약속했지만 10분 늦게 도착했다.
- 고객에게 거짓말을 하고 업무 협의를 하지 않았다.

① 출근 시간에 지각한 것

② 약속 시간을 지키지 못한 것

③ 업무와 관련 없는 인터넷 쇼핑을 한 것

④ 고객에게 거짓말하고 업무 협의를 하지 않은 것

2 다음 중 직업 활동을 하면서 함께 휴가를 떠나고 싶은 사람은 누구인가?
(   )

① 훈재: 팀의 성공보다는 자신의 성과에만 전념한다.

② 수진: 자기 일에만 몰두하여 동료들과 교류하지 않는다.

③ 기훈: 문제가 발생하면 동료를 비난하고 다른 사람을 탓한다.

④ 수영: 동료가 실수하면 적극적으로 동료들을 격려하며 협력한다.

3 학교 친구들과의 관계를 잘 유지하기 위한 중요한 요소는 무엇입니까? 예시를
들어 설명하세요.

[예시 답] 친구가 힘든 상황에 처했을 때 그 친구의 입장을 이해하고 공감하는 것이 관계를 좋
게 만든다.

[나의 의견은]

04

올바른 직업 선택의
중요성

대학교에서 토목과를 다니는 지훈이는 졸업을 앞두고 고민했어요. 학교 게시판에 건설회사들의 채용 공고가 붙어 있었거든요. 매일 광고판을 보면서 취업해야 할까, 아니면 다른 방향으로 진로를 결정해야 할까, 고민했어요. 지훈이는 부모님과 선배들의 이야기를 들으면서 건설 현장에서 근무하기보다는 미래의 토목 분야 발전을 위하는 일을 해 보고 싶다는 평소의 생각을 현실로 만들기로 했어요. 친구들은 건설회사에 원서를 제출하고 합격하는 걸 보면서 조금 마음이 싱숭생숭했지만 본인이 원하는 방향대로 직업을 선택하기로 마음을 굳게 먹었어요. 토목을 학문적으로 좀 더 접근해 보려는 꿈을 실현해 보고 싶어진 거예요.

지훈이는 결국 취업을 포기하고 대학원 진학으로 결정했어요. S

대학교 대학원에 석사과정으로 진학하여 스마트씨티 분야를 연구하겠다고 다짐했죠. 박사학위까지 받은 후 스마트씨티 분야 연구원으로 활동하든가 아니면 대학교 교수를 해 보겠다고 진로 방향을 결정했어요. 친구들보다 직업 활동이 5년 정도 늦지만 그래도 자신이 하고 싶은 일을 하기 위해 공부 방향으로 진로를 결정한 것이지요. 중고등학교 시절에 원하는 꿈이 있었지만, 대학교를 4년간 다니면서 진로의 방향은 바뀔 수 있어요. 지훈이처럼 대학 토목과를 진학했을 때는 국내 대기업에 입사해 해외로 다니면서 건설 관련 일을 하는 것이 꿈이었지만 졸업할 때쯤 정말 자신이 원하는 것이 뭘까를 고민하면서 대학원으로 방향을 바꾸게 된 거예요. 지훈이는 대학원 석사과정 2학기부터는 조교로 활동하면서 대학원 생활을 아주 유용하고 즐겁게 하고 있어요.

직업 선택은 인생의 큰 전환점 중 하나로 매우 중요해요. 올바른 선택을 통해 행복하고 만족스러운 삶을 살 수 있어요. 여러분에게 직업 선택의 중요성에 대해 알려 줄게요.

첫째, 좋아하는 일을 직업으로 정하는 경우예요.

김연아 선수는 어린 시절부터 피겨 스케이팅을 좋아했어요. 텔레비전에서 동계올림픽 피겨 스케이팅 경기를 보면서 꿈을 꾸게 됐죠. 그는 초등학생이 되면서부터 자신의 열정과 재능을 피겨 스케이팅에 쏟아부었고, 결국 세계적인 피겨 선수로 성장하는 계기가 됐어요. 힘든 훈련 과정에서도 자신의 꿈을 포기하지 않았고, 그 결과 올림픽 금메달리스트가 되었으며, 피겨 스케이팅의 여왕으로 불리게 됐죠.

애플의 창립자 스티브 잡스는 어릴 적부터 전자기기에 대한 흥미가 컸어요. 집에 있는 전자기기의 작동 방식이 궁금해 죄다 분해해봤죠. 그는 대학을 중퇴하고 자신이 좋아하는 컴퓨터 기술에 몰두했어요. 결국 혁신적인 아이폰을 만들어 전 세계에 큰 영향을 미쳤어요. 자신의 흥미와 재능을 직업으로 삼았을 때 얼마나 큰 성취를 이룰 수 있는지를 보여주는 사례죠.

좋아하는 일을 직업으로 삼았을 때의 사람들은 보람과 성취를 느끼게 되죠. 여러분은 어떤 일을 하면서 보람과 성취를 얻고 싶을까요? 지금 학창 시절에 좋아하는 일이 생길 수도 있고, 대학과 직장을 다니면서도 생길 수도 있죠. 그러기 위해서는 자신을 잘 파악해야 해요.

둘째, 흥미 없는 직업을 선택한 경우예요.

대기업에 다니던 이홍성 씨는 안정적인 직장을 가졌어요. 하지만 직장에서 처음 일을 맡아서 할 때는 즐거웠는데, 점차 일에 대한 흥미가 없어졌어요. 매일 반복되는 일상과 흥미 없는 업무로 인해 점점 스트레스를 받았고, 결국 건강에도 문제가 생겼어요. 그는 직장을 그만두고, 어릴 적부터 꿈꿔왔던 요리사가 되기 위해 요리 학원을 다니며 자격증을 취득했어요. 요리사라는 직업이 체력적으로도 힘들었지만, 그는 자기 일에서 보람을 찾았고 그로 인해 일상에서 큰 행복을 느끼고 있어요.

차연오 씨는 부모님의 권유로 법대를 진학하고 변호사가 되었어요. 그러나 그는 법률에 대한 흥미가 없었고, 업무에 큰 스트레스를 받았어요. 결국 그는 변호사 일을 그만두고, 자신이 좋아하는 음악을 하기 위해 예술 분야 대학교에 들어가서 음악 관련 공부를 하고 음악 프로듀서가 되었어요. 지금은 자기 일을 즐기며 행복하게 지내고 있어요.

나윤서 씨는 안정적인 직업을 원해 교사가 되었지만, 학생들을 가르치는 일이 힘들기만 하고 직업에 대한 만족도가 계속 떨어지는 거예요. 그는 매일매일 학교 출근하는 게 고통이었고, 결국 번아웃에 빠지면서 퇴직하게 되었어요. 그는 어린 시절부터 그림을 좋아했어요. 그 당시 좋아했던 그림을 배우기 위해 미술 학원에 다니기 시작했어요. 진정으로 좋아하는 일을 하게 되자 재미를 느끼면서 삶에 대한 자신감이 회복된 거예요. 현재는 성공한 화가로 활동하고 있어요.

하고 싶은 일이어서 대학교를 졸업하고 직업 활동을 시작했지만, 업무를 하면서 자신의 길이 아니라는 걸 깨닫는 경우가 있어요. 진로 탐색을 잘못했다고 말하기보다는 좋아하는 일 또는 관심 있는 직업이라도 막상 업무를 하다 보면 자신의 성향과 맞지 않는 경우가 있다는 점을 이해해야 해요. 이런 경우 어떻게 할까요? 다른 길로 갈수도 있고, 퇴근 후에 좋아하는 것들을 자기만의 취미 활동으로 만들어 가는 것이 도움이 되겠죠. 부족한 부분은 채워가면서 직업 활동을 하다 보면 좋아하게 되기도 하고 잘할 수도 있게 되죠.

평생 행복하게 즐길 수 있는 올바른 직업을 선택하기 위해서는 **적성, 흥미, 가치, 보수, 외부적 평가, 개인적 여건** 등을 고려해야 해요. 여러분만의 기준을 정해서 자신에게 가장 적합한 직업을 선택해야겠죠.

여러분은 어떤 기준으로 직업을 선택할 것인가요? 인공지능 시대에는 직업을 하나만 가져서는 살아가는 데 힘들 수도 있어요. 어떤 직업 활동을 하는 것이 의미가 있을까? 생각도 해 봐야 해요. 예를 들어, **성취감, 자존감, 자아실현, 사회 공헌** 등의 포괄적인 의미까지 내포하고 있는 직업인들은 직업영역에서나 행복 면에서도 만족도가 높게 나타나고 있어요. 그런 면에서 자신이 어떤 의미를 갖고 직업에 접근하느냐는 관점이 무엇보다도 중요하다고 볼 수 있어요.

1 직업 선택 기준을 살펴보고 나의 직업 선택 기준은 무엇인지 적어 보자?

직업 선택 기준
돈/연봉, 부모/지역, 명예/지위, 대외인지도/근무 환경, 학력/학위/전공, 칭찬/인정, 소속감/안정성, 직무확장/경력관리, 전망/발전 가능성, 가치관, 성취감/보람/재미, 꿈/비전, 자아실현, 사회 공헌 등

순위	직업 선택 기준	선택 이유	만족시켜 줄 직업
1			
2			
3			
4			
5			

05

조화롭고 행복한 삶을 위해
준비해야 할 것들

여러분은 인생의 목표가 뭘까요? 행복해지고 삶의 의미를 찾는 것은 많은 사람이 희망하는 인생의 목표예요. 예를 들어, 건강하고, 사랑받고, 직장에서 성공하고, 자녀를 잘 키우고, 퇴직 후에는 사회에 봉사하는 것 등을 통해서 행복을 얻고 즐거움을 찾는 것이죠.

긍정심리학자인 **마틴 셀리그만(Martin seligman)은 행복한 삶에는 세 가지 특징이 있다고 말해요. 즉, '즐거운 생활(the Pleasant Life)', '좋은 생활(the Good Life)' '의미 있는 생활(the Meaningful Life)'**이죠. 하나씩 어떤 내용인지 볼까요.

'즐거운 생활'은 현재, 과거, 미래에 대한 긍정적인 감정을 성공적으로 추구하는 삶을 의미해요. '좋은 생활'은 삶의 주요 영역에서 우리가 좋아하는 활동을 통해 풍부한 만족을 얻어가는 삶이죠. '의미 있는 생활'은 즐거움을 넘어서 의미 있는 것을 향해 나의 강점과 미덕을 활용하여 나가는 삶을 말하죠.

행복에 대한 감정은 사람마다 다르고 상황에 따라서 변하기도 하죠. 즐거운 일만 찾으면서 쾌락적인 것만 누린다면 어떻게 될까요? 쾌락이라는 건 짧은 시간 동안 강력한 기쁨을 주지만, 금방 사라지고 말죠. 이렇게 찰나의 순간에 느껴지는 쾌락에서 행복을 찾는다면 어떻게 될까요? 그래서 살아가면서 예측 불가능한 삶 속에서 갑작스레 불행이 찾아왔을 때 실의에 빠지고 무너지지 않기 위해서는 '의미 있는 생활'이 꼭 필요한 거예요.

미국 정신의학회에서 전쟁 참여 경험이 있는 퇴역군인 393명을 대상으로 조사를 했어요. 외상 후 스트레스장애와 우울증을 앓고 있더라도 삶의 의미를 추구하며 사는 퇴역군인들은 자살을 생각하거나 자살을 시도하는 확률이 낮게 나타났다고 해요. 왜 그럴까요? 극한 스트레스 속에서도 삶의 의미를 추구할수록 행복해질 수 있다는 의미죠. 퇴역군인들은 살아가는 의미와 미래에 대한 꿈이 있었던 거예요. 행복한 사람은 꿈이 있어요. 1960년대 유럽의 대표 항구 도시 함부르크의 한 클럽에서 여행으로 지친 사람들을 달래주기 위해 네 명의 청년이 노래를 부르고 있었어요. 이 청년들의 꿈은 세계적인 가수가 되는 것이었어요. 그들은 미국에서 유행하기 시작한 로큰롤을 부르고 있었지만, 누구 하나 무명 가수들에게 눈길조차 주지 않았죠. 이들은 공연을 마치고 연습실로 돌아와서 즐거운 마음으로 연습을 했어요. 그들은 힘들어서 지칠 수도 있었는데 세계적인 가수가 되리라는 꿈을 꾸었기에 연습하는 것이 신이 났고 즐거웠죠. 1년 후 이들은 리버풀로 활동 무대를 옮겼어요. 여전히 무명이었지만 세계적인 가수가 되는 것은 변함없는 꿈이었죠. 그해 11월 우연히 그들의 꿈과 열정을 알아본 브라이언 엡스타인이 매니저를 자처해 1집 앨범을 준비하여 발표했어요. 이 앨범에 수록된 두 곡이 당시 영국 음원 차트 1위에 오르면서 순식간에 100만 장 이상 팔렸고, 이들은 스타덤에 오르게 되죠. 그 후 유럽에서 성공한 이들은 드디어 미국에 진출하여 세계적인 가수로 성장하게 되죠. 이 가수가 바로 20세기 최고의 로큰롤 밴드로 불리는 비틀스(The Beatles)예요. 비틀스가 세계적인 가수가 되는 것이 꿈이 아니었다면 평생 취미로 동네 클럽에서 노래를 부르다 인생을 다 보냈을 거예요. 이처럼 조화롭고 행복한 삶을 살기 위해서는 내가 어떤 일을 할 것인지 미래의 꿈을 가져야 해요.

여러분이 꿈꾸는 행복한 삶은 어떤 모습인가요? 좋은 친구들과 즐거운 시간을 보내고, 자신이 좋아하는 일을 하며, 건강하게 지내는 것이겠지요. 이러한 조화롭고 행복한 삶을 살기 위해 준비해야 할 것들을 세 가지 주제로 나누어 살펴볼게요.

첫째, **건강한 몸과 마음가짐**이에요. 건강한 몸과 마음은 행복한 삶의 기본이죠. 건강을 유지하기 위해서는 신체적, 정신적 건강 모두를 관리해야 해요. 공부 때문에 스트레스가 심하다면 매일 아침이나 저녁 집에 들어가기 전에 30분씩 가볍게 달리기하는 거예요. 땀을 좀 흘리면 하루 동안의 스트레스가 줄어드는 효과가 있어요. 선생님은 퇴근 후에 스포츠센터에 가서 80분씩 골프 연습을 하는데, 골프채를 힘차게 스윙할 때마다 기분이 상쾌해지는 걸 느껴요. 운동을 하고 잠자리에 들었을 때와 운동하지 않았을 때의 몸 상태는 차이가 있더군요. 여러분에게도 평소 건강한 몸을 유지하기 위해서 꾸준한 운동을 할 수 있기를 바라요. 시험 스트레스로 불안감을 느끼는 적도 있죠. 이런 경우에는 매일 저녁 일기를 쓰면서 자신의 감정을 정리하고 마음의 안정을 찾아보는 거예요. 정서적 관리는 스트레스를 줄이고, 행복감을 높이는 데 중요한 작용을 해요.

둘째, **의미 있는 목표를 설정**하는 거예요. 목표는 우리를 앞으로 나아가게 하는 힘이 되죠. 자신만의 목표를 설정하고, 그것을 이루기 위해 노력하는 과정에서 우리는 성취감을 느끼게 됩니다.

매일 1시간씩 복습하는 목표를 세우고 꾸준히 실천해 보세요. 시험 때마다 성적이 꾸준히 향상되고 자신감도 생기게 됩니다. 작은 목표라도 꾸준히 실천하는 태도가 좋겠죠. 그림 그리기를 좋아해서 매주 한 장씩 그림을 그리기로 목표를 세우고 꾸준히 그린 그림들은 그의 포트폴리오가 되었고, 미술대회에서 상을 받게 되는 경험을 하게 되죠. 자신이 좋아하는 취미에 목표를 설정하면 더 즐겁게 활동으로 이어질 수 있어요.

셋째, **긍정적인 인간관계**예요. 좋은 인간관계는 앞으로 살아가는 데 큰 힘이 됩니다. 친구, 가족, 선생님과의 긍정적인 관계는 우리를 지지하고 응원해 주는 중요한 요소라고 할 수 있어요. 중학교 시기에 친구들과 함께하는 시간을 중요하게 생각하죠. 함께 공부하고 운동하며 우정을 쌓은 덕분에 언제나 기댈 수 있는 친구들이 있다는 점이 즐거움에 배가 되거든요. 친구와의 좋은 관계는 우리가 살아가는 데 큰 힘이 되어요.

넷째, **미래에 대한 꿈과 열정**을 갖는 거예요. 지금 내가 하는 것들이 완성돼서 어떠한 결과물로 성장할 거라는 꿈이 있어야 살아가는 데 큰 힘 되죠. 비틀즈처럼 무명에서 유명한 가수로 성장하는 데는 그들만의 꿈과 열정이 있었기 때문이에요.

조화롭고 행복한 삶을 위해서는 건강한 몸과 마음을 유지하고, 의미 있는 목표를 설정하며, 긍정적인 인간관계, 미래에 대한 꿈과 열정을 가지고 생활하는 것이 중요해요. 여러분의 삶에서 지금 살펴본 요소들을 잘 관리하고 준비하면, 행복하고 만족스러운 삶을 살아갈 수 있을 거예요. 중학생 시기에 이러한 준비를 시작한다면, 여러분의 미래가 더 밝고 희망차게 펼쳐질 거라고 믿어요.

행복이라는 건 단순히 즐거움이나 잠시의 쾌락이 아니라 그 너머의 목표를 향해 우리의 잠재력, 그리고 강점을 발휘할 때 의미 있는 삶을 경험할 수 있어요. 자기 자신에게 초점을 맞추기보다는 조화롭고 행복한 삶을 위해 자신의 강점을 적절하게 사용함으로써 만족감 높은 성취감과 이로써 행복을 느낄 수 있는 것이에요. 아우슈비츠 수용소에 3년간 수감됐던 빅터 프랭클린은 저서 《죽음의 수용소》에서 "자기가 해야 할 일이 있다는 것을 알고 있는 사람들이 더 잘 살아남았다"라고 말했어요. 조화롭고 의미 있는 삶이란 것이 행복의 열쇠뿐만 아니라 미래를 살아가는 원동력이 될지도 모를 일이죠. 여러분의 행복을 항상 응원합니다!

🔦 미래 설계 활동 2-5

1 행복한 삶을 위해 감정을 효과적으로 관리하는 게 왜 중요한지 설명해 보세요.

[예시 답] 감정을 효과적으로 관리하는 건 어려운 상황에서도 침착함을 유지하고 다른 사람들과 더 나은 관계를 구축하고, 더 나은 결정을 내리는 데 도움이 되기 때문이다. 이를 통해 균형 잡히고 만족스러운 행복한 삶을 살 수 있다.

(답)

2 다음 중 장기적인 행복을 증가시킬 가능성이 가장 높은 것은 무엇일까요?
( )

① 다른 사람을 돕는 일

② 값비싼 물건을 소유하는 것

③ 도전을 피하고 편안함을 유지하는 것

④ 소셜미디어에서 '좋아요'를 많이 받는 것

PART 3

미래 사회의
직업 세계 변화

변화하는
직업 세계 이해

"똑똑!"

"네, 들어와요."

"선생님, 안녕하세요. 저 지훈이예요."

"어서 와, 요즘도 실험은 잘하고 있지?"

"네 아주 즐겁게 하는데요, 고민이 생겨서 찾아왔어요. 과학 실험은 재미있는데, 제가 좋아하는 직업을 찾기 위해서는 미래 사회에 직업 환경이 어떻게 변화할지 궁금해요."

"그래 잘 왔어, 선생님이 변화하는 직업 세계에 대해 알려 줄게"

직업 세계는 기술 발전과 사회 변화, 경제활동의 변화 등에 의해 영향을 받고 있어요. 이런 직업 세계의 변화에 대한 정보를 얻어 능동적이고 효과적으로 대응하는 것은 직업을 준비하고 있는 청소년뿐만 아니라 직업생활을 영위하고 있는 직업인들에게도 중요한 의미를 갖죠. 직업 환경의 변화에 따라 미래 사회가 어떻게 변화할지, 그러한 변화 속에서 개인의 대응 방식은 어떻게 바뀌어야 하는지 살펴볼 필요가 있어요. 그러면 향후 직업 세계의 변화를 구체적인 자료를 중심으로 살펴봐야겠죠.

청소년들이 직업인으로서 첫발을 내딛게 될 미래의 직업 세계는 과거는 물론 현재와도 전혀 다르게 나타날 수 있어요. 직업 세계가 매우 빠르게 변화하는 가장 큰 요인 중의 하나는 직업 환경 자체의 변화를 들 수 있어요. 이미 우리 사회는 정보화 사회로 진입하였고, 직업시장은 세계화, 글로벌화 되어있죠. 평생직장의 개념은 붕괴하고 평생직업 개념으로 대체되고 있는 상황이에요. 이러한 변화는 앞으로도 더욱 가속화될 것으로 예상되어요.

앞으로 우리나라의 산업구조는 더 고도화될 걸로 보여요. 서비스산업의 비중이 계속 상승하는 반면, 농림어업의 비중은 지속적으로 하락할 걸로 예상되죠. 서비스산업은 소득수준의 향상으로 서비스의 질에 대한 국민의 욕구가 높아지고 있고, 제조업을 지원하는 서비스산업이 비약적으로 발전할 전망이에요. 서비스산업 가운데 취업자 수가 빠르게 증가할 업종으로는 통신업, 정보 처리 및 기타 컴퓨터 운영 관련업, 사회복지사업, 사업지원 서비스업, 여행 알선, 창고 및 운송 관련 서비스업, 항공운송업, 영화, 방송 및 공연 산업 등이 있어요.

미래학자들은 21세기는 지식과 정보가 권력을 주도하는 정보화 시대가 될 것으로 예측하는데, 지금 그 방향으로 빠르게 변화 중이죠. 기술의 진보와 정보화 시대의 변화로 노동시장은 하루가 다르게 변화하고 있어요. 자본이나 노동과 같은 유형 자산이 기업의 가치가 중시되었던 산업사회와는 달리 정보화 사회에서는 사람들의 지적 활동으로 창출되는 브랜드, 디자인, 기술 등의 무형 자산이 기업의 가치로 인기를 끌게 될 걸로 예측하죠. 즉, 정보화 사회에서 기업 경쟁력의 근원은 자본이나 개인의 노동력이 아닌 새로운 고부가가치를 창출해 내는 개인의 지식 능력 활용 및 생산 능력에 있어요. 앞으로 이러한 노동시장의 환경 변화에 유연하게 대처할 뿐 아니라 새로운 지식과 경험을 끊임없이 학습하고 이를 활용하여 새로운 부가가치를 창출해 낼 수 있는 능력을 갖춘 지식 노동자에 대한 수요가 증대할 전망이에요.

정보화와 교통수단의 급속한 기술 발전은 전 세계를 하나의 생활권·경제권으로 통합시키는 세계화를 가속화하고 있어요. 국가와 국가 간의 규제를 전제로 이루어지는 국가 간의 상호교류를 의미하는 국제화와 달리, 세계화 속에서는 국가와 국가 간의 규제가 완화되어 전 세계라는 단일시장을 중심으로 더 광범위한 경제활동이 이루어지는 것이죠. 따라서 앞으로는 많은 사람이 자기 일을 찾아 세계 각지를 여행하는 등 개인의 구직활동 범위가 전 세계로 넓혀질 것이에요. 국가 간이나 기업 간의 이해관계로 발생하는 여러 문제를 해결해 주는 국제 관련 전문가의 수요 역시 증가할 것으로 보이고요.

인류는 지난 100여 년간 석유, 석탄, 가스 등 화석에너지에 지나치게 많이 의존하였는데, 화석에너지가 수십 년 내에 고갈될 것이라는 비관적인 예측이 나오고 있죠. 그리고 전 세계적으로 유례없는 폭풍우가 몰아친다든지 갑자기 가뭄이나 한파가 몰아치는 이상기후 현상이 빈번하게 일어나고 있어요. 이러한 기후 변화와 에너지 고갈은 별개의 문제가 아니라 같은 문제라는 인식이 확산하고 있어요. 두 가지 모두 과도한 화석에너지 의존이 빚은 불가피한 결과물들이죠. 이에 따라 세계 각국 정부는 에너지를 과도하게 사용하는 경제발전이 아니라 에너지를 절약하고 친환경적으로 산업 발전을 이루어야 한다는 생각을 확산하고 있어요. 친환경적인 경제생활을 하고 화석에너지에 덜 의존하고 대체에너지를 개발하여 산업과 일상생활에 이용하려는 이른바 녹색성장의 개념이 중심이 되는 상황이죠. 태양광, 풍력, 지열, 조력을 이용하는 전기 생산, 전기로 움직이는 자동차, 에너지 소모를 최소화한 현대식 건물, 폐기물을 재활용하는 자원 순환 기술 등은 대표적인 녹색성장의 내용들이라고 할 수 있죠. 녹색성장은 이제 새로운 성장엔진으로 등장하고 주목받는 상황이죠.

직업 환경의 변화는 개인의 준비 방식 또한 변화시키고 있어요. 여기에 개인의 주관을 강조하는 시대 분위기도 가세하여 새로운 직업인 상이 만들어지고 있어요. 직업 세계의 변화에 맞서 적극적으로 대응하는 하나의 방식은 스스로 자기 경력을 적극적으로 개발하는 것이에요. 21세기 신세대들은 일과 삶의 균형을 추구하고 있으며 직업 세계를 하나의 자아실현의 장으로 인식하고 있어요.

　미래의 직업 세계는 평생직장과 완전고용의 개념이 사라질 겁니다. 고령화의 진전과 함께 개인의 경제활동 수명 또한 늘어나죠. 해서 개인이 하고 싶을 때까지 개인 일을 할 수 있는 능력을 개발하고 경력을 관리해 나가는 것이 요구되죠. 또한 미래의 직업 세계는 세계화로 인한 기업 간의 무한경쟁 속에서 혁신적이고 창의적인 부가가치를 창출하여 기업의 경쟁우위를 유지해 줄 수 있는 지식근로자들이 주목받는 시대라고 할 수 있죠. 이러한 미래의 직업 세계에서는 세계화로 인해 일자리를 두고 세계 각국의 구직자들과의 경쟁이 심화하고, 한 분야에만 정통한 전문가가 아닌 여러 분야에 관한 폭 넓고 깊은 전문지식을 가지고 있는 **제너럴 스페셜리스트**들이 인기 있는 직업으로 올라설 거예요. 미래의 직업 세계 활동에서 어려운 직업 환경변화에 유연하게 대처할 수 있는 인재가 되도록 노력해야죠. 그러므로 미래의 직업 세계에서는 어떠한 환경에서도 적응하여 살아남을 수 있는, 취업 준비에서부터 은퇴에 이르기까지의 경력을 체계적으로 계획하고 관리하는 적극적 경력개발의 중요성이 더욱 강조될 걸로 전망되어요. 해방 이후 우리나라의 직업 변천 과정을 살펴볼게요.

우리나라 직업의 변천사

1950년대 [농업 중심 시대]

[군 장교와 의사, 타이피스트, 전차 운전수가 유망직업]
6·25전쟁을 겪으면서 군 장교와 의사, 주한 미군 부대에서 일하는 타이피스트가 유망직업으로 떠올랐다. 서울의 주된 교통수단이었던 전차의 운전사도 유망 직업군으로 분류되었으나 1968년 전차 노선이 폐지되면서 전차 운전수 직업도 사라졌다.

대표 직업	물장수, 얼음 장수, 전차 운전사, 교사, 전화교환원, 군인, 경찰, 단순노무자, 간호사, 숯쟁이, 굴뚝 청소원, 라디오 조립원, 의상디자이너, 타이피스트 등

1960년대 [경공업 및 농림업 중심 시대]

[섬유 엔지니어와 가발 기술자, 버스 안내원이 인기]
노동집약적 산업이 발전하여 섬유 엔지니어와 가발 기술자가 인기를 끌었다. 또한 대중교통 수단으로 등장한 버스 안내원도 도시로 상경한 젊은 여성들에게 유망한 직업이었다.

대표 직업	고물 장수, 회사원, 타이피스트, 비행기 승무원, 은행원, 공무원, 공장 근로자, 탤런트, TV 조립원, 택시 운전사, 전자 제품 기술자, 다방 DJ, 방송업계 종사자

1970년대 [건설 및 중화학 공업 중심시대]

[무역업, 항공기 여승무원, 건설 관련 기술자, 트로트 가수 인기]
1970년대 수출지향적인 중화학 공업에 많은 인재가 몰렸다. 무역이 활성화되면서 무역업 종사자와 항공기 여승무원 역시 선망받는 직업이었다. 한편 중동 지역의 건설 붐으로 건설 관련 기술자가 많이 취업했으며, 트로트 가요의 인기로 트로트 가수 등이 부각 되었다.

대표 직업	대기업 직원, 금융계 종사자. 공작기계 제조원, 전당포업자, 건설 현장 노동자, 버스 안내원, 중장비 엔지니어, 노무사, 비행기 조종사, 스튜어디스 등

1980년대 [산업발달 과속화 시대]

[은행, 증권회사, 방송, 연예 직종 부각]
1980년대 금융 산업이 성장하면서 은행, 증권회사 관련 직종이 주목받았다. 반도체 엔지니어와 선박 엔지니어도 촉망받는 직업이었다. 컬러 텔레비전의 도입으로 드라마 프로듀서, 탤런트, 광고 기획자 등에 관심이 집중되었다.

대표 직업	워드프로세서 조작원, 컴퓨터 프로그래머, 반도체 제조원, 백댄서, 컴퓨터 조립원, 연예인, 광고 기획자. 카피라이터, 방송 프로듀서, 통역사, 속기사, 운동선수, 외교관

1990년대 [정보 통신 및 금융 발달 시대]

[펀드 매니저, 웹 마스터, 프로그래머, 밴처기업가 인기]

1990년대 들어 금융업이 첨단화되면서 펀드 매니저, 애널리스트 등은 고임금 직업으로 주목받았다. 정보 통신 분야에 인터넷이 도입되면서 웹 마스터, 프로그래머 등이 인기를 모았다. 10대들이 좋아하는 가수, 연예계 관련 직종과 1997년 IMF 외환 위기로 직업 안정성이 높은 교사, 공무원 등에 대한 선호도가 높아졌다.

대표 직업	외환 딜러, 선물거래 중개인, 웹 디자이너, 인터넷 방송기획자, 전자상거래전문가, 벤처기업가, 연예인 코디네이터, 경영 컨설턴트, 가수, 공무원 등

2000년대[웰빙, 인터넷 대중화]

웰빙에 관한 관심 급증, 전문자격증 인기, 휴대전화 및 인터넷 대중화, 첨단 과학기술 발달

대표 직업	생명공학연구원, 공인회계사, 변리사, 한의사, 인테리어 디자이너, 항공우주공학자, 인터넷전문가, 첨단 의료산업 종사자 등

2010년대[지식정보산업, 스마트폰 등장]

지식 정보산업 시대, 환경산업 발달, 글로별경제 환경, 스마트폰 대중화, SNS 서비스 확대

대표 직업	SNS 마케팅 전문가, 빅데이터 전문가, 소셜미디어 전문가, 의료관광 코디네이터, 인공지능전문가, 3D프린터 전문가 등

2020년 이후[최첨단 산업, 1인 가구 증가]

최첨단 과학기술의 발달, 웰빙 라이프 지향, 기후 변화, 노령인구 증가, 인구 감소, 1인 가구 증가 등

대표 직업	우주여행 안내원, 아바타 개발자, 미디어 윤리학자, 인공장기조직 개발자, 자율 주행 자동차 설계사, 로봇 상담사

1 우리나라의 직업 변천 과정을 살펴보고 현재 사라진 직업을 3개 고르고, 사라진 이유를 적어 보아요.

연번	사라진 직업	사라진 이유

2 다음 중 변화하는 직업 세계에서 가장 중요한 역량으로 꼽히는 것은 무엇인가요?

① 단순한 기술 습득 능력

② 반복적인 업무 처리 능력

③ 정해진 규칙을 따르는 능력

④ 문제를 해결하는 창의적 사고력

3 기술 발전과 함께 사라질 가능성이 높은 직업군에는 어떤 것들이 있으며, 왜 그러한지 설명해 보세요.

[예시 답] 기술 발전으로 인해 단순반복적인 업무를 하는 직업군, 예를 들어, 조립 공장 노동자나 전화 상담원 등은 자동화 기술의 발전으로 인해 사라질 가능성이 높다. 이는 기술이 인간의 노동을 대체함에 따라 비용 절감과 효율성 증대가 이루어지기 때문이다.

(나의 생각은)

직업 활동에서
인공지능의 역할

진로 법률사무소에 인공지능 변호사가 들어왔어요. 자연어 처리 기술을 활용하여 법률 문서를 이해하고 요약하는 인공지능 변호사 헥토르는 고객이 변론을 의뢰한 사건과 관련된 모든 데이터를 자동으로 수집, 정리하는 일을 합니다. 고객의 진술, 관련 법률 문서, 과거의 판례 등을 모아 사건의 핵심 쟁점을 분석하고 법적 전략을 세우죠. 헥토르는 또 가상 회의 플랫폼을 통해 고객과 상담하고, 고객의 질문에 실시간으로 답변하고, 법률적인 조언도 제공합니다. 상담 내용을 바탕으로 소송서류, 계약서, 법률의견서 등의 문서 초안을 빠르게 작성하고요. 이렇게 작성된 문서는 법률과 판례를 기반으로 자동 검토되며, 인간 변호사가 법정에서 변론할 수 있는 자료가 됩니다.

우리는 4차 산업혁명 시대에 살고 있어요. 일상생활 곳곳에서 인공지능 또는 로봇의 도움을 받으면서 살아가고 있죠. 인공지능은 컴퓨터가 사람처럼 생각하고 학습할 수 있도록 만든 기술이에요. 인공지능 변호사뿐만 아니라 식당이나 카페에서 키오스크라는 기계로 주문과 결재가 자동으로 진행되죠. 단순한 기술적 진보를 넘어서 우리가 일하는 방식과 직업의 본질 자체를 다시 한번 생각하는 계기가 되고, 직업 세계에도 큰 변화를 일으키고 있어요.

인공지능은 다양한 직업에서 활약하고 있어요. 의료 분야에서는 환자의 진단을 돕고, 더 빠르고 정확하게 질병을 찾아내기도 하죠. 몇 년 전 담낭 제거 수술을 받게 되었는데, 의사 선생님이 인공지능 의사로 수술할 것인지 예전처럼 복강경으로 할 것인지 결정하라는 거예요. 선생님은 예전 방식을 선택했는데, 세상 많이 변했다는 생각이 들었어요. 수술뿐만 아니라 X-ray 사진을 정확히 분석해서 질병을 발견해 내요. 자동차 공장에서는 로봇이 사람 대신 반복적으로 자동차를 생산하고 있죠. 쉬지 않고 일하는 로봇 덕분에 제품 생산이 더 빨라지고 안전해집니다. 요즘 교육 분야에도 인공지능 기술이 도입되고 있어요. 학생들의 학습 패턴을 분석해서 개인 맞춤형 학습 자료를 제공해 주고 있죠. 인공지능은 우리가 살아가는데 많은 도움을 주고는 있지만 인간이 해결해야 할 문제들도 있어요.

가장 큰 문제는 여러분이 성인이 되어서 직업 활동을 해야 할 때 인공지능 로봇이 사람의 일을 대신하게 되면서 일자리가 줄어들 거라는 우려예요. 또한 인공지능이 잘못된 결정을 내리거나 편향된 데

이터를 학습하게 되면 사회적으로 윤리적으로 문제가 될 수도 있죠. 인공지능은 데이터에 기반하여 활동하기에 개인의 사생활 침해 가능성도 있다는 것이 문제점으로 나타나기도 하죠.

인공지능은 직업 세계를 크게 변화시키지만 우리에게는 많은 기회를 제공할 거예요. 인간은 직업 활동에서 좀 더 창의적이고 중요한 일에 집중할 수 있게 되겠지요. 즉, 로봇은 힘든 일이나 단순반복적인 일에 집중하고, 인간은 새로운 아이디어에 집중하면서 당면 과제를 효율적으로 해결하는데 더 많은 시간을 쓸 수 있거든요. 미래의 직업 환경에서는 인공지능과 협력하는 능력이 아주 중요해요.

여러분이 성인이 되어서 직업 활동을 할 때쯤이면 지금과는 또 다른 세상이 펼쳐지겠죠. 인공지능과 인간이 일하는 방식이 더 중요해질 거예요. 인공지능과 여러분이 잘 협력하는 방식을 알아볼게요. 우선 서로 장단점을 보완할 수 있는 협력적 관계를 만들어야 해요. 인공지능은 많은 데이터를 빠르게 처리하고 반복적인 일을 잘하죠. 반면에 여러분은 창의적인 문제해결, 감정 이해, 윤리적인 판단을 잘 해결하죠. 병원에서 인공지능이 방대한 의료 데이터를 분석해서 질병을 예측하고 의사는 환자를 진단하고 어떻게 진료해야 할지 계획을 세우고 약 처방을 해주는 방식이죠.

기업에서는 인공지능과 직원들이 팀을 이루어 프로젝트를 진행하는 방식을 운영하게 될 거예요. 인공지능이 프로젝트 주제에 맞는 데이터를 분석하고 중요한 정보를 제공하면, 직원들은 이 자료를 바탕으로 전략을 세우고 실행하는 방식이에요. 이렇게 팀을 운영하면 마케팅, 연구 개발, 금융분석, 미래의 발전 가능성 등에서 더 효율적으로 일을 할 수 있어요.

인공지능과 함께 일을 하다 보면 어떤 생각이 들까요? 세계경제포럼 회장인 클라우스 슈밥은 미래 기술 잠재력 때문에 인간성이 '로봇화' 될 수 있다고 경고했어요. 그리고 인간만이 가지고 있는 창의성, 공감, 윤리적 감정을 성찰하면서 새로운 시대에 적합한 인간성을 고민해야 한다면서 네 가지 지능을 키워야 한다고 주장했어요.

첫째, **상황 맥락 지능**이에요. 여러분이 주변에서 인지한 걸 잘 이해하고 적용하는 능력을 말해요. 새로운 변화를 예측하고 풍부한 상상력을 통해 나름대로 자신만의 결론을 만들어 내는 능력이죠. 이런 능력을 기르기 위해서는 자신과 비슷한 사람들과만 소통하지 말고, 다양한 문화, 다양한 경험, 다양한 직업인을 만나보는 거예요. 학교에서 반 친구들과 팀을 이루고, 동아리 활동에 가입하고, 지역 사회 봉사활동에도 참여해 보는 거예요. 혼자 일하는 것보다 협업을 통해 더 나은 아이디어를 만들어 낼 수 있겠죠.

둘째, **정서 지능**이에요. 생각과 감정을 정리하고 결합해 자신 및 타인과의 관계를 원만하게 맺는 능력이죠. 이 지능이 높은 사람은 문제에 부딪혀도 창의적이면서도 빠른 회복력을 갖고 있죠. 인공지능과 협력적으로 일을 하면서도 새로운 아이디어를 만드는 데 익숙하게 돼 유연한 태도로 회사 생활을 할 수 있겠죠.

셋째, **삶의 소중한 가치를 지향하는 지능**이에요. 이는 개인과 공동의 목적, 신뢰성, 여러 덕목에 활용하는 능력이에요. 일의 의미와 목적을 고민하고 탐구하며 공동체에 대한 새로운 의식을 부여하는 거죠. 지속 가능한 공동의 가치를 매우 중요하게 생각해요.

넷째, **신체 지능**이에요. 직업 활동이나 일상생활에서 필요한 에너지를 얻기 위해 건강한 몸을 유지하는 것이 중요하죠. 정교하고 구체적인 기술은 인공지능이 더 잘하므로 그들에게 넘겨주고, 인간은 추상적이고 모호한 것을 다루는 탁월한 능력을 발휘해야 하죠. 높은 기술적 혁신이 이루어지고 신제품을 만들어 내는 주인공은 인공지능이 아니라 바로 우리 인간이죠. 인공지능과 여러분과의 협력은 미래 직업의 중요한 요소가 될 거예요. 인공지능은 인간의 능력을 보완하고, 효율성을 높이며, 새로운 기회를 창출할 수 있어요. 그러나 인공지능을 사용하는 데에는 윤리적인 문제, 데이터 보완, 직업 변화 등 여러 가지 해결해야 할 문제들이 있어요. 이러한 문제들을 잘 협력하고 인공지능과 여러분이 서로 협력할 수 있는 환경을 만드는 것이 중요해요. 궁극적으로 인공지능과 인간의 협력은 더 나은 사회를 만들기 위한 중요한 열쇠가 될 거예요.

1 다음 중 직업 활동에서 AI의 역할이라고 보기에는 약간 **부족한** 것은 무엇일
   까요?

① 제조 공정의 자동화

② 의사의 질병 진단 지원

③ 금융에서 대량의 데이터 지원

④ 학교에서 역사 수업을 가르치다

2 금융 분야에서 AI를 활용하는 주요 이점 중 하나는 무엇일까요?

① 단순한 기술 습득 능력

② 반복적인 업무 처리 능력

③ 정해진 규칙을 따르는 능력

④ 문제를 해결하는 창의적 사고력

3 직업적 환경에서 AI를 사용하는 것과 관련된 몇 가지 윤리적 문제에 관해 서술해 보세요.

[예시 답] 데이터 프라이버시인데, AI 시스템은 종종 효과적으로 작동하기 위해 대량의 개인 데이터가 필요하여서 이 데이터가 저장되고 사용되는 방법에 대한 문제가 제기될 수 있다.

(나의 생각은)

03

미래 직업에
필요한 기술

　중학교 1학년이 된 민지는 새로운 과목인 '정보'와 '진로와 직업'을 배우게 되었어요. 초등학교 때부터 게임 속에서만 살았던 민지는 방과 후 친구들과 온라인 게임을 즐기며 시간을 보내는 것이 일상 중 하나였어요. 평소 자신이 좋아했던 게임과 미래 진로와 연결해 보라는 선생님의 조언에 '정보' 시간에 집중하며 코딩을 배우기 시작했지요.

　코딩이 처음에는 낯설고 어려웠죠. "안녕, 나는 민지라고 해"라는 문장을 화면에 출력하는 것조차 무슨 의미인지 몰랐으니까요. 하지만 민지는 포기하지 않았어요. 선생님이 소개해 준 코딩 교육 사이트를 찾아가서 하나씩 따라 하며 연습했죠. 시간이 지나면서 민지는 점점 코딩에 익숙해졌어요. 그러던 어느 날, 선생님은 첫 번째 프로젝트를 내주셨어요. 자신만의 간단한 게임을 만들어 보라는 거였어요. 민지는 기대감에 흥분되기도 하지만 어떻게 풀어가야 할지 걱정도 한가득했어요. 하지만 게임을 좋아하는 만큼, 자신만의 게임을 만든다는 생각에 가슴이 더 두근거렸어요.

집에 돌아와 컴퓨터 앞에 앉아서 어떤 게임을 만들지 고민하던 민지는 간단한 퀴즈 게임을 만들기로 했어요. 코딩 책과 인터넷을 참고하며 코드를 하나씩 작성해 나갔어요. 처음에는 오류가 많아서 좌절하기도 했지만, 그럴 때마다 문제를 해결하며 조금씩 발전해 나갔어요. 게임을 너무 많이 한 탓인지 문제가 발생하면 그 문제를 쉽게 해결할 수 있게 된 거예요.

민지는 방과 후에도 꾸준히 코딩을 연습했고, 주말에는 친구들과 놀지 않고 컴퓨터 앞에 앉아 코드를 작성하는 데 집중했어요. 그러던 중 더욱 복잡한 게임을 만들고 싶다는 욕심이 생긴 거예요. 이번에는 간단한 어드벤처 게임을 만들기로 했어요. 캐릭터를 움직이고, 장애물을 피하며 목적지에 도달하는 게임이었어요.

새로운 기술을 배우기 위해 인터넷 강의를 찾아보고, 관련 서적도 읽었어요. 어려운 부분이 나올 때마다 포기하고 싶었지만, 매번 그럴 때마다 게임을 완성하는 상상을 하며 다시 도전하게 됐죠. 조금씩 게임의 형태가 잡혀가면서 민지는 큰 성취감을 느끼게 됩니다.

몇 달이 지나고, 드디어 자기 게임을 완성했어요. 친구들에게 게임을 보여주자, 친구들은 놀라워하며 칭찬을 아끼지 않았죠. 그제야 민지는 자신이 얼마나 성장했는지 깨달았지요. 단순히 게임을 즐기는 것을 넘어, 직접 만들 수 있게 된 자신이 자랑스러웠어요. 부모님도 매일 게임만 한다고 야단치셨는데 딸이 게임을 만든 것을 보고는 크게 감동했어요.

민지는 여기서 멈추지 않기로 결심했어요. 앞으로 더 많은 게임을 만들고, 나아가 프로그래머가 되겠다는 꿈을 품었죠. 중학교 생활이 끝나고, 고등학교에서도 계속해서 코딩을 배우며 자신의 꿈을 향해 나아가기로 마음먹었어요.

몇 년이 지나 민지는 고등학교에 진학했고, 컴퓨터 과학동아리에 들어가 더욱 깊이 있는 공부를 시작했어요. 다양한 프로젝트를 통해 실력을 쌓아갔고, 학교의 코딩 대회에서도 좋은 성적을 거두게 됐죠. 코딩을 통해 얻은 자신감을 바탕으로, 대학에서도 컴퓨터 공학을 전공하며 더 큰 목표를 향해 나아가게 되었어요.

게임을 좋아했던 한 소녀가 코딩을 통해 꿈을 이루어 가는 과정은 이제 시작에 불과하답니다. 민지는 자신이 만들고 싶은 더 많은 게임과 세상을 바꿀 수 있는 프로그램들을 꿈꾸며 오늘도 컴퓨터 앞에 앉아 코드를 작성하고 있어요. 여러분은 평소 잘하는 것들을 미래 직업과 어떻게 연결하고 싶을까요?

미래 직업 활동에서 디지털을 활용하는 능력은 모든 분야에서 필요해요. 그래서 중학교 교육과정에 정보라는 과목이 생겼어요. 스마트폰과 컴퓨터로 게임과 유튜브 영상만 즐길 것이 아니라 프로그래밍과 코딩을 배워서 게임도 프로그램도 만들어 보는 거예요. 민지처럼 컴퓨터 게임을 좋아하는 학생이 있다고 합시다. 이 학생이 게임을 직접 만들고 싶다면, 코딩 기술이 필요합니다. 코딩을 배우면 자신만의 게임을 만들어 친구들과 공유할 수 있어요. 이렇게 게임을 스스로 만들다 보면 이 기술은 미래에 소프트웨어 개발자나 게임 디자이너가 되는 데 도움이 됩니다.

요즘 챗GPT가 대세죠. 여러분도 챗GPT를 활용해 봤나요? 챗GPT 활용 사례를 살펴보면 학생은 과제를 하는 데 많이 이용한다고 해요. 유용하게 활용하되 인공지능이 알려주는 것이 정답이라고 생각해서는 안 돼요. 출처를 확인해 정보가 신뢰성이 있는지 정확한지를 따져봐야 해요. 그러려면 데이터를 분석하는 능력도 필요하겠죠. 이 능력을 키우려면 학교에서 설문 조사를 할 때, 학생들의 의견을 분석해 보고서를 작성해 보는 거예요. 또는 학급 친구들끼리 하나의 프로젝트를 만드는 과정에서 정보를 탐색하고 올바른 정보인지를 분석해 보는 거죠. 데이터 분석 기술을 배우면 이런 데이터를 정리하고 유용한 정보를 추출할 수 있어요. 이 기술은 미래에 마케팅 분석가나 데이터 과학자가 되는 데 도움이 됩니다.

선생님은 캔바라는 앱을 통해 포스터와 홍보 자료를 만들어요. 그렇다고 미술을 좋아하고 잘하는 것은 아니에요. 조금만 배우면 이러한 앱을 통해 쉽게 원하는 그림을 그릴 수 있더라고요. 미술에 관심이 없더라도 디지털 디자인 기술을 배워보는 거예요. 캔바, 미리캔

버스, 포토샵, 일러스트레이터 같은 도구를 사용해 내가 상상하는 세상을 그려보거나 로고를 만들어 보는 거예요. 여러분이 미래에 직장생활을 하면서 배워 뒀으면 하는 기술이에요. 업무를 하다 보면 활용할 일들이 많거든요. 미리미리 배워 두는 것이 좋겠죠.

AI(인공지능)와 머신러닝에 관해서도 관심을 가져야 해요. 여러분도 스마트폰의 음성 인식 기능을 사용해 본 적 있을 거예요. "알렉사, 오늘 날씨 어때?"라고 물으면 답해주는 기능이죠. 이러한 기능을 만드는 데 인공지능과 머신러닝 기술이 필요하답니다. 이 기술을 배우면 자율 주행 자동차나 스마트 로봇을 개발할 수 있어요.

학교 프로젝트 과제를 할 때 친구들과 온라인으로 협업해야 할 때가 많아요. 구글 드라이브나 슬랙 같은 협업 도구를 사용하면 더 효율적으로 일할 수 있기도 하죠. 이 기술은 나중에 다양한 직장에서 팀원들과 협력하는 데 도움이 됩니다.

미래 직업 활동에서 가장 중요한 것은 창의적 문제해결 능력이라고 할 수 있지요. 학교에서 창의적인 프로젝트를 하거나 문제를 해결하는 경험이 있을 겁니다. 예를 들어, 과학 프로젝트에서 새로운 실험 방법을 고안해 내는 것이죠. 창의적 문제해결 능력은 엔지니어, 연구원, 또는 창업가가 되는 데 매우 중요합니다.

디지털 리터러시(Digital Literacy)라는 말을 들어봤나요? 지금 인공지능시대에 매주 중요해졌어요. 디지털 리터러시는 디지털 플랫폼을 통해 얻게 되는 정보에 대한 이해, 판단, 평가, 활동 등의 활동을 의미해요. 즉, 디지털 리터러시는 단순히 디지털 기기를 활용한 읽고 쓰기가 아니라, 정보의 제작과 업로드를 포함한 여러 종류의 미디어를 제작하고 활용하는 활동을 의미해요. 이 능력은 인공지능 시대에 살아가는 데 필요한 핵심 역량이라고 할 수 있죠.

미국의 《포춘》지 편집장 제프 콜빈은 《재능은 어떻게 단련되는가》(부키 펴냄)라는 저서에서 인간이 로봇보다 우위에 있는 역량으로 7가지를 제시했어요. 현재 여러분이 공부하면서 갖춰야 할 능력이죠.

첫째, **공감**이에요. 다른 사람의 주장이나 감정, 생각에 대하여 자신도 함께하는 마음이죠.

둘째, **창의성**이에요. 새로운 것을 만들어 내는 능력이에요.

셋째, **사회적 민감성**이에요. 사회에서 나타나는 문제에 관해 관심 두고 자기 일처럼 생각하는 마음이에요.

넷째, **스토리텔링**이에요. 이야기를 만들어 다른 사람에게 전달하는 능력이죠.

다섯째, **유머**예요. 사람들의 관심과 흥미를 이끄는 익살스러운 농담도 잘해야 하죠.

여섯째, **관계**예요. 홀로 있지 않고 다른 사람들과 어울리고 함께할 수 있는 능력이죠.

일곱째, **리더십**이에요. 목표를 정하고 그 방향으로 조직이나 다른 사람을 이끄는 능력이죠.

위 7가지 역량들을 살펴봐요. 여러분이 하고 싶은 것들은 무엇인지 파악하고 어떻게 직업 활동에 적용할 것인지 생각해 봐야겠죠. 지식만 많다고 해서, 공부만 잘한다고 해서 직업 활동을 잘한다고 말할 수는 없지요. 미래 직업 활동에 필요한 역량들을 살펴보고 어떻게 배워나갈 것인지 생각해 보길 바라요.

1 다음 중 미래에 자동화로 대체될 가능성이 가장 높은 기술은 무엇일까요?

( )

① 창의성   ② 리더십

③ 감성지능   ④ 반복적인 활동

2 다음 중 인간이 로봇보다 우위를 점하게 해주는 능력에 포함되지 **않는** 것은?

( )

① 유머   ② 체력

③ 창의성   ④ 리더십

3 제빈 콜빈이 미래에 꼭 필요한 역량으로 '공감'을 꼽은 이유는 무엇일까요?

( )

① 기계를 다루는 기술

② 사실을 빠르게 기억하는 능력

③ 반복적인 작업을 수행하는 기술

④ 자신의 의견, 감정, 생각을 다른 사람과 공유한다는 느낌

04

진로의 가변성과
다양성

　선생님은 대학을 졸업하고 직장인이었다가 교육대학원에서 중등 2급 교사자격증을 취득하여 교사가 되었고, 2012년도에는 사회 교사에서 진로진학상담교사로 과목도 변경했어요. 지금은 작가와 강연가, 대학원 겸임교수로도 활동하고 있어요. 지금까지 5개의 직업을 가진 것이지요. 하나의 직업 활동에 머물지 않고 내가 하고 싶은 것들에 도전하면서 얻게 된 직업이에요. 퇴직 후에는 1인 크리에이터로도 활동할 예정이죠.

　선생님처럼 살아오면서 여러 개로 직업 활동이 바뀌는 것을 '진로의 가변성'이라고 하죠. 진로 수업 시간에 항상 학생들에게 얘기해요. "하나의 직업만을 갖기 위해 공부하지 말라, 최소 7~8개의 직업 활동을 할 수 있다고 생각해야 한다"라고 말이죠. 지금 시대의 선생님도 5개의 직업을 가졌는데, 여러분이 성인이 되었을 때는 평균수명이 지금보다 더 늘어나고, 직업의 수명은 더 짧아지겠죠. 여러분의 진로는 항상 변할 수 있다는 점을 인식하면서 공부해야 해요.

과거에는 하나의 직업을 선택하면 평생 그 직업을 유지하는 경우가 많았어요. 하지만 현대에는 여러 번 직업을 바꾸는 것이 흔해졌죠. 선생님처럼 처음에는 교사로 일하다가, 이후에 기술을 배우고 소프트웨어 개발자로 전향할 수 있어요. 또 다른 경우, 마케팅 분야에서 일하던 사람이 데이터 분석가로 전직할 수도 있죠. 기술의 발전과 산업의 변화로 인해 새로운 직업이 생기고 기존의 직업이 사라지기도 해서 어쩔 수 없이 직업을 변경해야 하는 상황도 벌어지죠. 예전에는 소셜미디어 매니저라는 직업이 없었지만, 현재는 많은 기업에서 이 직무를 담당하는 사람을 필요로 하고 있어요. 반대로, 자동화와 인공지능의 발전으로 인해 일부 제조업 직무는 감소하고 있어요. 사람은 살아가면서 흥미, 가치관, 능력이 변화할 수 있어요. 이에 따라 직업 목표나 경로도 바뀔 수 있음을 염두에 둬야 해요. 어떤 사람은 젊었을 때 예술가로 활동하다가 나중에 상담사가 되어 사람들을 돕는 일을 하기도 하죠. 이는 개인의 삶의 경험과 가치관의 변화에 따라 진로가 달라질 수 있음을 보여주어요.

현대 사회에는 수많은 직업군이 존재하며, 그 선택의 폭이 매우 넓습니다. 의료, 법률, 엔지니어링, 예술, IT, 교육, 비즈니스 등 다양한 분야에서 수많은 직업이 존재하죠. 예를 들어, IT 분야만 하더라도 소프트웨어 개발자, 데이터 과학자, 네트워크 관리자 등 다양한 직업이 있답니다.

같은 목표를 이루기 위해서도 다양한 경로와 방법이 있을 수 있어요. 의료 분야에서 일하고 싶다면 의사가 되는 것 외에도 간호사, 의사 보조사, 의료 연구원, 병원 관리자 등 다양한 경로가 있는 것처럼 한 분야에서도 여러 직업과 역할이 존재합니다.

여러 분야의 지식과 기술을 융합하여 새로운 직업이 생깁니다. 데이터 과학과 생물학을 결합한 바이오 인포매틱스 전문가, 예술과 기술을 결합한 디지털 아티스트 등이 있어요. 이러한 융합 직업은 다양한 분야의 지식을 필요로 하며, 새로운 가능성을 열어주죠.

진로의 가변성과 다양성은 여러분이 삶을 살아가는 데 있어서 매우 중요하게 잘 알고 있어야 하는 개념이에요. 이는 우리가 평생 다양한 직업을 경험할 수 있으며, 기술과 산업의 변화에 따라 새로운 기회를 찾을 수 있음을 의미하죠. 또한, 다양한 경로와 융합 직업의 출현으로 인해 우리는 자신에게 맞는 직업을 선택하고 발전시킬 수 있는 더 많은 기회를 갖게 됩니다. 이러한 진로의 유연성과 다양한 선택지는 개인의 성장과 변화에 맞춰 자신만이 하고 싶은 진로 경로를 체계적으로 설계할 수 있게 해주죠.

진로 경로는 개인이 선택한 직업이나 경력을 통해 나아가는 방향을 말해줘요. 개개인의 가치관, 관심사, 능력, 경험 등을 고려하여 결정하죠. 진로 목표를 설정하는 5단계를 살펴볼게요.

1단계는 **자기 이해**예요. 강점 약점, 흥미, 가치관 등을 파악하는 거예요. 중학교 생활 속에서 가장 중요한 것은 자신이 어떤 성향인지를 파악하는 것이죠.

2단계는 **직업 탐색**이에요. 다양한 직업의 종류와 특성을 파악해서 자신에게 적합한 직업을 찾아가는 것이죠.

3단계는 **진로 결정**이에요. 자신에게 적합한 직업을 선택하고, 그 직업을 얻기 위한 계획을 세우는 것이죠.

4단계는 **경력 개발**이에요. 선택한 직업에서 경력을 쌓고 자신의 역량을 키워야 해요.

5단계는 **진로 수정**이에요. 직업 활동을 하면서 진로 방향을 변경하고 싶다면 다양한 요인들을 반영하여 변경해야겠죠.

전국 꼴찌 야구선수에서 변호사로 변신한 직업인 이야기를 해 볼게요. B는 초등학교 때 야구를 시작했는데, 그때는 꽤 잘했대요. 그러나 중학교, 고등학교에서 가서는 원하는 만큼 결과가 나오지 않았다고 해요. 그래도 야구를 정말 좋아해서 야구를 그만두겠다는 생각은 한 번도 해 본 적이 없었어요.

고등학교 2학년 때 아버지가 "네가 야구를 계속하기를 원한다면 끝까지 밀어주겠다. 하지만 야구를 그만두는 것에 대해서도 생각해 보거라"라고 말씀하셨대요. 그 말씀을 듣고 진지하게 고민하게 됐죠. '내가 야구를 더 한다고 해서 프로선수가 될 수 있을까?' 그 자신의 대답은 '아니다'였다고 해요. 고민 끝에 그해 10월 그는 야구를 그만두게 됩니다. 그 당시 성적은 학교 전교생이 755명이었는데, 전교 750등, 학급 52명 중 51등이었고 해요.

부모님은 야구도 그만두었는데 전문대학이라도 진학하는 것이 어떠냐고 하셨어요. 그렇게 B는 대학 진학을 위해 공부를 시작했어요. 공부가 도저히 되지 않아서 중학교 1학년 교과서를 구입했어요. 중1 교과서를 보니 이해가 됐다고 해요. 이해되니까 흥미가 생기고 문제가 해결되니까 재미있었죠. 야구를 그만두고 한 달 반 이후 기말고사를 보게 됩니다. 첫 시험이 끝나고 처음 받은 성적이 반 학생 52명 중 27등이었어요. 그것이 야구를 그만두고 한 달 반 만에 일어난 일이죠. 야구를 하면서 죽을힘을 다해 연습했어도 연습 결과가 잘 나타나지 않아 절망적이었는데, 공부는 노력한 만큼 결과가 나온다는 것이 신기했어요. 그것이 운동과 다른 점이었죠. 그렇게 공부에 흥미를 느끼면서 정말 열심히 공부했어요. 사실 처음에는 전문대학이라도 갔으면 좋겠다는 마음으로 시작했지만 결국 인천에 있는 대학교 법학과에 들어가게 됩니다.

사법시험도 그렇게 열심히 했기에 1차 시험에 합격합니다. 그런데 그만 자만에 빠져 2차 시험에서 불합격해요. 그다음 해에는 1차 시험에서도 불합격하게 되고. 그때 우연히 후배 휴대전화에 있는 글귀를 보게 됐다는군요. '나태함, 그 순간은 달콤하나 그 결과는 비참하다.' 그동안 나태했던 자신을 반성하고 초심으로 돌아가 1년 동안 열심히 공부했어요. 그다음 해 1차, 2차 시험에 동시 합격하여 사법연수원을 마치고 변호사의 길을 가게 되었어요.

미래엔에서 발간한 《나 미래를 디자인하다》에 나오는 B씨는 중고등학교를 야구선수로 생활하다가 고등학교 자퇴 후 검정고시를 보고 2년의 재수 끝에 인천에 있는 대학교 법학과에 입학하였고, 제51회 사법고시에 합격하여 변호사로 활동 중이라고 합니다. 꿈이 좌절되었다고 해서 모든 걸 포기하지 않고 또 다른 꿈을 이루기 위해 노력하는 모습을 배울 수 있어요.

어떤 상황에서도 진로 목표는 바꿀 수도 있고 변화할 수도 있지요. 다양하게 변화하는 진로를 잘 준비하기 위해서는 준비해야 할 마음가짐이 있어요. 그것을 진로 준비 역량이라고 하죠. 진로 준비 역량은 낙관성, 유연성, 지속성, 도전성, 호기심, 의사소통이 있어요.

낙관성은 긍정적으로 생각하는 걸 말해요. 지민이는 중간고사에서 성적이 좋지 않아서 속상했어요. 하지만 지민이는 "다음번에는 더 잘할 수 있어!"라고 생각하고, 공부 방법을 바꾸고 열심히 공부했어요. 결국 기말고사에서는 좋은 성적을 받았답니다.

유연성은 상황에 맞게 방법을 찾아보는 거예요. 민수는 과학 실험을 하다가 실수로 다른 결과가 나왔어요. 처음에는 당황했지만, 새로운 방법을 시도해 보기로 했어요. 그 결과 실험은 성공적으로 끝났어요.

지속성은 포기하지 않고 꾸준히 하는 거예요. 수지는 피아노를 잘 치고 싶어서 매일 1시간씩 연습했어요. 처음에는 잘 안되었지만, 포기하지 않고 계속 연습했어요. 결국 수지는 학교 음악회에서 멋진 연주를 할 수 있게 되었어요.

도전성은 새로운 분야에 용기를 가지고 도전해 보는 거예요. 현우는 학교 축구팀에 들어가고 싶었지만, 처음에는 잘 못했어요. 그러나 그는 도전을 두려워하지 않고 열심히 연습해서 결국 팀에 들어가게 되었어요.

호기심은 새로운 것에 대해 알고 싶어하는 것이에요. 윤지는 책 읽기를 좋아해서 다양한 책을 읽어보았어요. 특히 과학책을 좋아해서 더 많은 것을 알고 싶어했죠. 그래서 과학동아리에도 가입해서 여러 실험을 해 보았어요.

의사소통은 서로의 생각을 잘 나누고 듣는 것이에요. 서연이는 친구들과 함께 학교 프로젝트를 했어요. 서연이는 팀원들의 의견을 잘 듣고, 자기 생각도 잘 표현했어요. 덕분에 팀은 멋진 프로젝트를 완성할 수 있었죠.

이처럼 6가지 진로 준비 역량은 우리가 앞으로 진로를 준비할 때 꼭 필요한 능력들이에요. 여러분은 이러한 역량을 어떻게 키울 것인지 고민하고 반드시 이룰 수 있다는 각오로 준비해 둬야 해요. 역량을 키우는 데 학교 공부도 중요하고 학교에서의 친구들과의 관계도 중요해요. '나는 어떤 직업 활동을 하면서 평생 행복을 키워나갈 것인가?'를 고민해야 해요. 그래야만 여러분이 꿈꾸는 삶이 열리게 됩니다. 살아가면서 하고자 하는 일들이 장벽에 부딪힐 때가 있을 거예요. 그럴 때마다 평소 키웠던 능력들을 발휘하면서 새로운 영역을 찾아야겠죠. 꿈을 꾸려면 생생하게 꾸어야 하고 체계적으로 관리하면서 학창 시절에 공부에 열중해야지만 되는 이유이기도 하죠. 하나씩 목표를 세워서 위 6가지 역량들을 키울 수 있기를 바라요.

🖋️ 미래 설계 활동 3-4

---

1 다음 중 진로 경로의 다양성을 잘 설명한 것은 무엇일까요?

(   )

① 평생교육의 필요성을 언급했다.

② 사람은 평생 단 하나의 직업만 가질 수 있다.

③ 직업생활에서 따라야 할 엄격하고 변함없는 업무다.

④ 시간에 따라 변화하고 적응할 수 있으며, 이를 통해 개인의 다양한 역할을 추구

할 수 있다.

---

2 평생 살아가면서 몇 개 정도의 직업 활동을 할 것인지 적어 봅시다.

(   )

[예시 답] 나는 5개의 직업 활동을 할 거야. 교사, 작가, 강연가, 디지털화가, 북 컨설턴트 등이야.

(나의 대답은)

138

관심 분야
직업 탐색 활용

미래와 레오는 어려서부터 가장 친한 친구였어요. 이제 중학교에 진학하면서 진로에 관해 고민하게 되죠. 미래는 환경공학 기술자를, 레오는 건축가를 꿈꿨어요. 두 사람은 진로 수업 시간에 배운 대로 평소 관심 있었던 분야에 관해 탐색해 보기로 했죠. 교육청에서 진행하는 진로 체험박람회에 신청해서 참가하게 되었어요. 미래는 처음으로 들른 곳이 환경과학 부스였지요. 테이블은 토양, 물, 식물 표본으로 덮여 있었지요. 환경 분야 전문가 선생님이 친절하고 따스하게 미래를 맞이했어요. 그는 생태계를 연구하고 환경을 보호하기 위한 프로젝트에 어떻게 참여했는지 설명을 해줬어요. 다양한 유형의 현장 조사와 실험에 관해 이야기할 때 미래의 눈은 호기심으로 반짝거렸죠. 환경 분야 전문가 선생님이 미래에게 VR기기를 건네주고 가상 세계 방송국으로 안내했어요. "열대우림으로 떠나 볼까요?"라고 말하면서 미래는 VR헤드셋을 착용하고 무성하고 활기 넘치는 정글로 이동했어요. 새들이 머리 위로 날아다니고 곤충들이 윙윙거리는 걸 신비롭게 살펴보았지요. 전문가 선생님은 과학자들이 생태계를 더 잘 이해하기 위해 어떻게 야생동물을 관찰하고 데이터를 수집했는지 설명해 줬어요.

건축가 직업에 관심 있었던 레오는 건축 관련 부스에 들어갔어요. 건축가 멘토님이 먼저 참여한 학생들과 건물의 청사진을 보면서 토론하고 있었어요. 지속 가능한 도시 개발을 위한 모델을 선보이던 중에 레오가 들어선 거지요. 이 모델은 녹색 옥상, 태양광 패널, 자전거 도로 등 복잡하고 세부적으로 구성되어 있었어요. 건축가 멘토님이 레오에게 스케치북을 건네주면서 "그리고 싶은 건물을 디자인해 볼래?"라고 제안했어요. 레오는 관심이 많았던 건물을 스케치하기 시작했어요. 상상하고 갖고 싶었던 자연 채광이 들어오는 큰 창문과 옥상 정원을 특징으로 그려 친구들 앞에서 발표했지요.

미래와 레오는 각자 체험을 마치고 서로의 경험을 나누면서 집으로 돌아왔어요. "열대우림을 가까이에서 보게 되었다는 게 믿을 수가 없었어", "환경을 보호하든, 지속 가능한 건물을 설계하든, 우리는 더 나은 미래를 만드는 데 도움을 줄 수 있을 것 같아"라며 큰 경험이 된 진로 체험박람회에서 커다란 감동을 받았다고 느낌을 말했어요.

미래는 집에 돌아와서 부모님에게 인사하고 자기 방으로 들어 갔어요. 노트북을 켜고 환경공학 기술자의 직업을 좀 더 알아보기로 했죠. 진로와 직업 수업 시간에 선생님이 말씀해 주신 커리어넷과 워크넷에서 직업 정보를 찾아보기로 했어요. 커리어넷에 접속해서 직업 정보에 환경공학 기술자를 검색했더니 '환경공학 기술자 및 연구원'이라는 직업이 검색되는 거예요. 이 직업이 하는 일은 각종 오염 문제를 확인하고 연구 개발을 통해 방지 대책을 세우거나 공해 방지 설비와 설계하고 제작하며 환경 개선 방안을 수립한다고 되어 있네요. 또한 환경 보전에 필요한 다양한 공학적인 기술을 개발하고, 환경오염 방지 및 제어를 위한 처리시설을 설계하는 일을 합니다. 대학교에서는 공업화학과, 환경과학과, 화학공업과, 환경공학과 등의 학과에서 공부하네요. 관련 자격증으로는 대기환경기사, 대기환경산업기사, 수질환경기사, 수질환경산업기사, 해양환경기사, 환경기능사 등의 자격증도 취득해야 합니다. 적성과 흥미 영역에는 수리 논리력이 역량이 있어야 하고 깊게 탐구하는 과정을 즐기는 사람에 적합하며, 어떤 대상이나 기계를 조작하는 활동에 관심 있는 사람에게 적합하다고 알려 주네요.

레오가 어떻게 직업 정보를 탐색하는지 살펴볼까요. 집으로 돌아온 레오도 노트북을 켜고 건축가가 되는 방법에 대해 더 많은 정보를 검색하기 시작했어요. 그는 직업 수업 중에 선생님이 언급한 자료, 특히 커리어넷과 워크넷을 기억해 냈어요. 레오는 먼저 커리어넷에 접속해 직업 정보 검색창에 '건축가'를 입력했어요.

검색 결과에는 '건축가 및 디자이너'라는 직업이 검색되었어요. 레오는 링크를 클릭하고 직업에 대한 자세한 정보를 찾았어요. 건축가의 임무에는 기능적이고 안전하며 지속 가능하고 미학적으로 아름다운 건물과 구조물을 설계하는 것이 포함되어 있었어요. 건축가는 주거용 주택, 상업용 건물, 공공 인프라 등 다양한 프로젝트에 참여할 수 있어요. 그들은 종종 CAD(컴퓨터 지원 설계) 소프트웨어를 사용하여 상세한 계획과 도면을 작성하고 엔지니어, 계약자 및 고객과 협력하여 설계를 성공적으로 완료하지요.

레오는 건축가가 되려면 대학에서 건축학, 건축공학, 도시계획 등 관련학과를 공부해야 한다는 사실을 알게 됐어요. 그는 또 학위를 취득한 후 일반적으로 실무 경험을 쌓기 위해 인턴십 과정을 이수해야 한다는 사실도 알았어요. 그런 다음 면허 시험에 합격하여 당당하게 건축가로서 활동하게 됩니다.

기술과 관심 측면에서 성공적인 건축가는 강한 창의력과 예술적 능력, 탁월한 문제해결 능력, 수학과 물리학에 대한 좋은 이해를 갖추어야 한다는 것도 새삼스레 알게 됐어요. 또한 세부 사항에 대한 예리한 안목이 있어야 하며, 그림과 구두(말) 프레젠테이션을 통해 자기 아이디어를 효과적으로 전달할 수 있어야 하죠. 또한, 친환경 건축 관행이 점점 강조되면서 현장에서 지속 가능성과 환경 설계에 관한 관심이 점점 더 중요해지고 있는 것이 현실이에요.

레오는 환경과 지역 사회에 긍정적으로 기여하는 혁신적이고 지속 가능한 건물을 디자인할 수 있는 미래를 상상했어요. 레오와 미래는 진로박람회에서의 경험과 후속 탐구를 통해 그들이 원하는 진로에 대해 더 명확하게 이해하게 되었어요. 두 사람 모두 탐색 활동을 통해 준비해야 할 것들을 정리하고 자신이 하는 일들이 더 나은 미래에 기여할 수 있다는 것을 알게 됐어요. 미래의 진로가 보이지 않았던 두 사람은 다양한 진로 탐색 활동으로 자신의 꿈을 추구하려는 자신감과 의욕이 더 커졌어요.

진로를 빨리 결정하고 싶다고 해서 제대로 직업 정보를 알아보지 않고 결정할 수는 없어요. '백문불여일견(百聞不如一見) 백견불여일행(百見不如一行)'이라는 말이 있어요. 백 번 듣는 것이 한 번 보는 것만 못하고, 백 번 보는 것이 한 번 행하는 것만 못하다는 의미예요. 여러분이 하고 싶은 진로와 직업을 선택하기 위해서는 다양한 직업 세계를 폭넓게 탐색하고 직업에 대한 정보를 알고 있어야 해요. 왜냐하면 단순히 유행하는 직업을 쫓거나 다른 사람의 의견을 듣고 직업을 선택했다가는 시행착오를 겪을 수도 있기 때문이죠. 따라서 직업을 선택하기 전에 먼저 진로 목표를 정하는 데 도움이 될 수 있도록 다양한 직업을 탐색하는 과정이 필요해요.

직업정보는 직업별 업무 내용이나 근로 조건, 취업하는 방법, 관련학과, 관련 자격증, 미래 전망, 임금수준 등 직업과 관련된 다양한 정보를 의미해요. 중학교 시기에는 여러 분야의 직업을 다양하게 탐색해보는 것이 좋아요. 폭넓게 살펴보면서 점차 자신의 관심 분야 영역으로 좁혀나가는 거예요. 직업 정보를 탐색하는 방법으로는 커리어넷 등 인터넷을 활용하는 방법이 있고, 신문이나 서적, 방송 프로그램에서도 찾을 수 있어요. 학교에서 실시하는 진로 직업 체험, 직업박람회, 진로 특강, 진로의 날 행사, 선생님과의 상담 활동을 통해서 진로와 직업을 탐색할 수 있어요.

직업 정보를 탐색할 때 주의해야 할 것이 뭐가 있을까요? 네이버나 구글 등 포털사이트에서 정보를 찾으면 오래된 자료도 보여주고 최신의 자료도 보여주죠. 또한 개개인이 올린 자료도 있고 공신력 있는 기관에서 올린 자료도 있어요. 좋은 자료는 최신의 자료여야 하고, 신뢰할 수 있는 자료, 구체적으로 정보를 제공하는 자료, 정보에 오류가 없이 직업에 대한 정확한 정보를 제공하고 있는지도 살펴야 해요. 꿈이 없으면 더 열심히 다양한 분야의 직업 정보 탐색 활동을 해야 한다는 사실을 마음속 깊이 새겨둬야 해요. 그래야 꿈이 보이니까요.

좋은 직업 정보의 4대 요소

① 최신성	직업의 생성, 소멸 주기가 빨라짐에 따라 현대 사회에서는 정보의 최신성이 매우 중요
② 정확성	올바른 정보를 선택하는 것이 매우 중요
③ 신뢰성	• 검증되지 않았거나 잘못된 직업 정보는 오히려 혼란을 줄 수 있음 • 신뢰성 있는 기관이나 단체에서 제공하는 직업 정보인지 확인하기
④ 구체성	합리적인 의사 결정을 위해 해당 직업의 작격 요건, 근무 환경, 보수, 전망 등 구체적인 정보가 필요

1 직업 정보를 탐색할 때 가장 중요하게 고려해야 할 요소는 무엇일까요?
   (   )

① 자료의 출처

② 자료의 신뢰성

③ 자료의 최신성

④ 위의 모든 요소

2 직업 정보를 찾을 때, 공신력 있는 자료와 그렇지 않은 자료를 구분하는 방법
   으로 적절한 것은? (   )

① 자료의 길이를 확인한다.

② 자료의 언어 수준을 확인한다.

③ 정보를 제공한 사람의 나이를 확인한다.

④ 자료를 올린 기관이나 출처의 신뢰도를 확인한다.

3 관심 분야의 직업 정보를 효과적으로 활용하려면 어떤 활동이 가장 도움이 될까요? (   )

① 온라인 자료만 참고한다.

② 직업 정보는 한 번만 확인한다.

③ 친구들에게만 직업 조언을 구한다.

④ 직업 인터뷰 및 현장 체험을 통해 실제 경험을 쌓는다.

4 관심 분야에서 필요한 역량을 파악하기 위해 가장 유용한 방법은 무엇인가요? (   )

① 직업 동영상 강의를 본다.

② SNS에서 정보를 검색한다.

③ 유명 블로거의 글을 읽는다.

④ 해당 분야 전문가와 상담한다.

PART 4

좋아하고
잘하는 것

01
나의 미래는
어떤 모습일까?

"선생님, 학창 시절로 다시 돌아가고 싶지 않으세요?"

"쌤은 지금 삶이 가장 즐겁고 행복해서 되돌아가고 싶지 않아요. 다양한 분야에 도전하고 싶은 일들이 너무 많거든. 선생님의 학창 시절은 별로 기억나는 것도 없고 재미도 없었던 것 같아. 아마도 그 시절에 뭔가 체험활동이나 나를 자극하는 일거리들이 없어서 기억이 나지 않을 거야. 그래서 그 시절로 되돌아가고 싶지 않아요."

미래 사회 모습을 강의하는데 중학교 2학년 학생이 이런 질문을 하는 거예요. 선생님은 1초도 망설임 없이 'NO'라고 대답했고, 그 이유에 관해 이렇게 설명했어요. 그런데 대답하고 나서 조금 아쉬운 게 있었어요. 만약 정말 중학교 시절로 돌아간다면 해 보고 싶은 게 있거든요. 선생님이 어렸을 적에도 텔레비전에서 공상 과학 만화가 인기였어요. 로봇 태권 브이, 마징가 제트, 독수리 오형제와 같은 만화 드라마 이름을 들어봤을까요? 선생님이 어렸을 때 매우 인기 있어서 매일 저녁 6시 30분이면 텔레비전 앞에 앉아서 만화 드라마를 봤거든요. 이때 내 꿈은 로봇공학자, 즉 과학자였어요. 과학 만화를 보면서 장래 희망을 꿈꾸기 시작한 거예요. 그 당시에 미래 계획이라는 걸 작성했었어요. 연령대별로 과학자가 되기 위해 계획을 세웠어요. 60세에 로봇을 만들며 꿈을 이루겠다고까지 생각했던 거 같아요. 9년 전인 2016년에 중학교 때 세운 계획이 갑자기 떠올랐어요. 그때의 꿈이 이루어지지는 않았지만, 중학교 생활로 다시 돌아간다면 연령대별로 세웠던 과학자의 꿈을 다시 도전해 보고 싶어질 때가 있어요. 그럼 지금과 다른 삶을 살고 있지는 않을까요?

수업 중에 '나의 미래 글쓰기' 활동을 하는데, 중학교 2학년인 민수의 글이 쌤 눈에 확 들어왔어요. 첫 문장이 "요즘 들어 미래에 대한 고민이 많아졌다"로 시작한 거예요. 중학교 생활에 익숙해지면서 친구들과의 관계도 원만하고, 학업에서도 큰 어려움은 없지만, 3학년이 되면 고등학교도 선택해야 하고 문득문득 다가오는 미래에 관한 생각이 자신을 혼란스럽게 만들고 있다는 내용이었어요. 친구들과 놀 때는 생각나지 않는데 집에 가는 길에 푸른 하늘을 배경으로 흰 구름이 떠다니는 모습을 보면서 "내 미래는 어떤 모습일까"라며 자신에게 물어봤대요. 친구 중 하나는 과학자가 되어 우주를 탐험하고 싶다고 했고, 다른 친구는 유명한 축구선수가 되어 세계 무대에서 뛰고 싶다고 말하는 걸 들은 거예요. 또 다른 친구는 의사가 되어 아픈 사람들을 돕고 싶다고 말했어요. 웃고 떠들고 아무 생각 없이 중학교 생활을 하는 줄 알았던 친구들의 꿈 얘기를 들은 민수가 충격받은 거예요. 본인은 아직 자신의 꿈이 무엇인지 생각해 보지도 않았던 터라 잘 모르겠거든요. 학교 수업 시간이나 부모님이 꿈에 관해 물어보면 "저는 아직 모르겠어요"라고 답변할 수밖에 없었어요.

민수는 친구들과 헤어지고 집으로 돌아오는 길에 자신이 왜 고민이 많은지 생각해 봤어요. 아마도 하고 싶은 일을 찾지 못해 생긴 막연한 미래에 대한 불안감 때문일 거라는 생각이 든 거예요. "어떻게 하면 내가 정말 좋아하는 일을 찾을 수 있을까?" 민수는 고민했어요. 저녁 식사 시간에 부모님에게 자신의 고민을 털어놨어요.

"엄마, 아빠, 저는 미래에 뭐가 되고 싶은지 잘 모르겠어요. 친구들은 다 자기 꿈이 있는데, 저는 아직 찾지 못한 것 같아요."

엄마는 미소를 지으면서 말했어요.

"민수야, 아직 중학생일 뿐이잖아. 너무 서두르지 말고 천천히 자신이 좋아하는 것들을 찾아보면 돼. 다양한 경험을 하면서 자신이 좋아하는 일을 찾아가는 과정도 매우 중요하거든."

옆에서 듣고 계시던 아빠가 한 말씀 더 하시는 거예요.

"맞아, 민수야, 아빠도 너만 한 나이엔 내가 뭘 하고 싶은지 몰랐어. 하지만 다양한 활동을 하면서 조금씩 내가 좋아하는 일을 찾았었지. 너도 여러 가지를 시도해 보면서 천천히 찾아가면 돼."

민수는 고민이 많았는데 부모님은 의외로 크게 고민하지 않으시는 거 같았어요. 민수는 부모님의 말을 듣고 마음이 한결 가벼워졌어요. 어쩌면 지금 자신을 너무 몰아붙였던 것일지도 모른다는 생각이 들었던 거예요. 부모님의 격려 덕분에 민수는 다양한 활동을 통해 자신이 좋아하는 것들을 찾아보기로 결심했어요. 학교에서 동아리 활동이나 체험활동에 체육 관련 활동만 했었는데 좀 생각을 바꿔 봤어요. 과학동아리, 축구동아리, 미술동아리 등 다양한 분야의 동아리와 직업 체험활동에 참여해 보기로 한 거예요. 처음 해 보는 과학동아리에서 실험할 때는 매우 흥미롭다는 것을 느꼈고, 축구동아리에서는 땀 흘리며 운동하는 즐거움을 느꼈지요. 미술 체험활동에서는 그림을 그리며 창의력을 발휘하는 재미가 느껴지는 거였어요.

이렇게 다양한 경험을 통해 민수는 자신이 여러 가지 분야에 흥미를 느끼고 있다는 걸 알게 됐어요. 한 가지 꿈을 정하지는 못했지만 여러 가지 가능성을 열어두고 조금씩 자신이 원하는 방향을 찾아갈 수 있다는 자신감이 생긴 거죠. 미래는 아직 멀고 불확실해서 민수는 이제 더 이상 불안해하지 않기 시작한 거예요. 자신이 좋아하는 것들을 찾아가며, 다양한 경험을 통해 성장할 거라고 믿기 시작한 것이지요. 중학교 3학년이 되면서 고등학교 선택도 두려움 없이 보다 더 나은 미래를 꿈꾸면서 도전하기로 마음먹었다고 해요.

미래에 대한 고민은 청소년뿐만 아니라 부모님이나 선생님들도 하고 있어요. 지금 여러분은 학교와 학원에 다니고, 친구들과 신나게 놀기도 하고, 가족과 즐겁게 시간을 보내면서 하루하루를 살아가지만, 몇 년 후, 몇십 년 후 우리는 어떤 모습일까, 라는 이 질문에 대한 답은 정해져 있지 않아요.

미래에 대해 내가 무엇을 하고 있을지를 상상해 보아요. 여러분은 어떤 직업을 가지고 싶어요? 과학자가 되어 우주의 비밀을 풀어내고 싶은가요? 아니면 의사가 되어 사람들의 생명을 구하고 싶은가요? 혹은 음악가가 되어 전 세계 사람들에게 감동을 주고 싶은가요? 각자 원하는 미래는 다를 수 있지만, 중요한 것은 자신이 진정으로 하고 싶은 일을 찾는 것이지요. 자신이 좋아하고 잘하는 일을 찾아 그것을 직업으로 삼는다면, 일하는 것이 즐겁고 의미 있을 거예요.

예를 들어, 상상하는 미래의 모습이 환경을 보호하는 일에 종사하는 것이라고 해 볼까요. 지금 우리가 살고 있는 지구는 많은 환경 문제에 직면해 있죠. 기후 변화, 플라스틱 오염, 멸종 위기의 동식물들 등 해결해야 할 문제들이 많아요. 이런 문제들을 해결하는 데 기여하고 싶은 거죠. 그래서 환경공학자가 되어서 새로운 에너지 자원을 개발하거나 오염된 지역을 복원하는 일에 참여하게 되는 거예요. 이렇게 하면 지구를 지키고 미래 세대에게도 아름다운 자연을 물려줄 수 있게 되는 거잖아요.

물론, 미래는 직업만으로 이루어지지는 않아요. 여러분은 인생에서 다양한 경험을 하며 성장하게 될 거예요. 여행을 통해 다른 나라

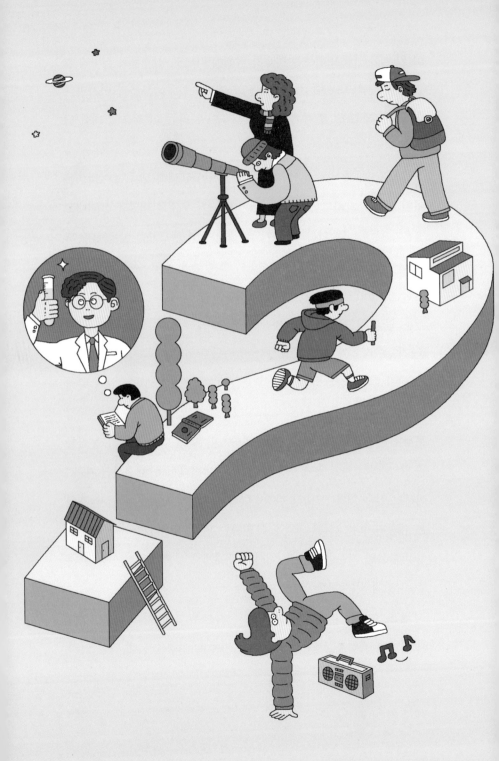

의 문화를 경험하고, 새로운 사람들을 만나며 넓은 시야를 가지는 것도 매우 중요해요. 또한, 가족과 친구들과의 관계도 소중히 여기는 것을 잊지 말아야죠. 사랑하는 사람들과 함께하는 시간은 여러분의 미래 삶을 더욱 행복하고 풍요롭게 만들어 줄 거예요. 미래에 대해 생각할 때 또 한 가지 중요한 것은 우리가 어떻게 살아가야 할지에 대한 가치관이에요. 인간은 누구나 각자의 인생철학을 가지고 살아가게 되죠. 어떤 사람은 성공을 가장 중요하게 생각하고, 어떤 사람은 행복을 우선으로 생각하지요. 선생님은 배려와 나눔을 중요한 가치로 여기며 살고 있죠. 다른 사람을 돕고, 함께 성장하는 삶을 살아가는 것이 진정한 행복이라고 생각하기 때문이에요. 여러분도 자신만의 가치관을 가지고 미래를 그려보는 거예요. 돈이 많고 유명한 사람이 되는 것도 좋지만, 진정으로 행복한 삶이 무엇인지 고민해 보는 것이 중요해요. 다른 사람과 비교하지 말고, 자신만의 기준을 세우고 그 기준에 맞는 삶을 사는 것이 더 의미 있는 삶이죠.

미래는 예측할 수 없는 거지만, 우리는 현재를 통해 미래를 만들어 나갈 수 있어요. 지금 열심히 공부하고, 다양한 경험을 쌓으며, 자신의 꿈을 향해 나아가는 것이 중요해요. 실패와 도전을 두려워하지 말아야 해요. 실패는 성공으로 가는 길의 일부일 뿐이에요. 실패를 통해 배우고 성장하는 게 더 큰 성공을 가져다주게 됩니다.

또한, 미래를 준비하는 데에도 건강이 중요해요. 건강한 몸과 마음이 있어야 꿈을 이룰 수 있기 때문이죠. 규칙적인 운동과 올바른 식습관을 통해 건강을 유지하고, 스트레스를 관리하는 방법을 배워야 해요. 정신적으로도 건강한 상태를 유지하는 것이 매우 중요하죠. 긍정적인 생각을 가지고 자신을 믿으며 생활해야 해요.

마지막으로 미래에 대한 꿈과 목표를 이루기 위해서는 끈기와 인내가 필요하죠. 살다 보면 모든 일이 순조롭게만 흘러가지는 않아요. 때로는 어려움에 부딪히고, 포기하고 싶은 순간도 있을 거예요. 하지만 포기하지 않고 끝까지 노력하는 자세가 매우 중요하죠. 꿈을 이루기 위해 꾸준히 노력하는 사람만이 그 꿈을 현실로 만들 수 있어요.

우리 모두의 미래는 사람마다 다르지만, 우리가 어떤 노력을 하고 어떤 가치를 추구하느냐에 따라 그 모습은 결정되어요. 자신의 꿈을 찾고 그 꿈을 이루기 위해 최선을 다하는 것이 중요하답니다.

이 순간, 여러분은 무엇을 하고 싶나요? 여러분의 꿈은 무엇인가요? 그 꿈을 이루기 위해 어떤 노력을 하고 있나요? 이 질문들을 자신에게 던져 봐요. 그리고 그 답을 찾기 위해 노력해야 합니다. 여러분의 미래는 여러분의 손에 달려있어요. 지금 해야 할 일은 뭘까요? 학생으로 해야 할 일들이겠죠. 자신에게 주어진 현재의 일들에 충실하게 실천할 때 꿈도 보이고 그런 활동 속에서 즐거움도 찾을 수 있죠. 학습계획과 독서계획 그리고 친구들과 재미있게 지낼 계획도 체계적으로 세워서 도전해 보길 추천해요. 지금 이 순간부터 여러분의 미래를 만들어 가는 주인공이 되어보길 응원합니다.

🛠 미래 설계 활동 4-1

1 미래에 대한 꿈과 목표를 이루기 위해 가장 중요한 태도는 무엇일까요?

(   )

① 운에 맡긴다.

② 일찍 포기한다.

③ 끝까지 노력한다.

④ 주변 사람의 도움만 기다린다.

2 미래의 모습이 결정되는 가장 중요한 요소는 무엇일까요?

(   )

① 부모님의 직업

② 친구의 성공 여부

③ 부모님의 재산 규모

④ 우리가 어떤 노력을 하고 어떤 가치를 추구하느냐

3 미래를 위해 지금 당장 여러분이 해야 할 일은 무엇인가요? 자기 생각을 바탕으로 구체적으로 작성해 보세요.

[예시 답] 현재 학생으로서 해야 할 일에 충실하고, 체계적으로 학습계획과 독서계획을 세우는 것이 중요하다. 또한, 친구들과 즐겁게 지낼 계획도 세우며 자신이 하고 싶은 일에 도전하는 자세를 가지는 것이 필요하다.

(나의 대답은)

02

좋아하는 것이
직업이 될 수 있을까?

미국 스롤리의 블로토닉 연구소는 미국 아이비리그 대학 1천 500명의 졸업생을 대상으로 직업 선택의 동기에 따른 부의 축적 여부를 추적 조사했어요. 1천 500명 가운데 83%는 하고 싶은 일을 미루고 돈 버는 직업을 선택했고, 나머지 17%는 하고 싶은 일을 우선으로 직업을 선택했어요. 20년 후 1천 500명 중 101명이 억만장자가 되었고, 그중 1명을 제외한 100명이 하고 싶은 일을 직업으로 선택한 사람 중에 나왔어요.

이 조사 결과만을 두고 보면 하고 싶고 좋아하는 일을 해야 성공할 수 있다는 얘기죠. 그런데 말이죠. 좋아한다고 해서 모두 할 수 있을까요? 진로 수업 시간에 좋아하는 것이 무엇인지 질문하면 축구선수, 야구선수, 프로게이머, 웹툰 작가 등을 말하고 있어요. 프로게이

머나 웹툰 작가는 가능성이 조금 있지만 축구선수나 야구선수는 중학생쯤이면 선수로 활동하기에는 어렵다고 봐야죠. 그런데도 학생들은 고등학교 갈 때까지 장래 희망에 축구선수 야구선수라고 적어요. 좋아하는 거라도 뭐든지 다 할 수 있지는 않아요. 그냥 생각하고 싶지 않은 거예요. 자신의 미래에 대해 구체적으로 고민하고 노력해야 하는데 공부하기 싫은 거죠. 게임장 가서 게임이나 하고 운동장에서 축구나 야구를 하면서 즐기는 삶이 더 재미있죠. 중학생이 되면 좀 더 현실적으로 자신을 돌아봐야 해요. 스롤리의 블로토닉 연구에서 나왔듯이 좋아하는 것이 직업이 되면 평생 행복할 거예요. 그리고 경제적인 부도 얻을 수 있죠. 성공한 사람들은 좋아하는 것을 직업으로 만들기 위해 부단히 노력했을 거예요. 친구들이 운동장에서 야구할 때 도서관에 앉아서 공부했을 것이고, 친구들이 게임장 가서 PC 게임 했을 때 도서관에 가서 미래 구상과 관련한 자료들을 찾아봤을 거예요. 그러한 열정과 노력이 억만장자가 되고 평생 하고 싶은 일을 하면서 살 수 있는 계기가 된 거죠.

이유빈 작가의 《취미야 고마워》(스마트비즈니스 펴냄)에는 취미나 좋아하는 것을 직업으로 연결한 사람들의 삶의 이야기가 있어요. 여러분에게 도움될 만한 사례를 살펴볼게요. 책에 나와 있는 실명은 빼고 가명으로 해서 알려 줄게요.

에피소드 1

"밍밍한 맥주는 더 이상 싫다. 진짜 맛있는 맥주를 먹고 싶다!"는 생각으로 맥주 만들기 동호회에 가입하면서 맥주 만들기와 인연을 시작한 이지훈, 정인숙, 민성호는 주말마다 모여 맥주에 대한 열정을 불태웠어요. 미친 듯이 맥주를 만들어 마시며 즐겼고, 나만의 양조장을 꾸려보고 싶어졌죠. '싸고 질 좋은 맥주를 만들어 보자'는 마음으로 의기투합하여 이름을 히든 트랙으로 정하고 회사를 만들었고, 맥주 애호가들의 인기를 받으면서 성장하고 있어요.

에피소드 2

백곰막걸리 양조장을 운영하는 이호성·유가연 부부는 술의 매력에 빠져 직장을 그만두고 직접 전통술 주점을 운영했어요. 남편 이호성 씨는 대기업에서 축산, 수산 상품기획자로 일했으며, 아내 유가연 씨는 자동차부품 회사에 다니다가 좋아하는 일을 하고 싶어서 전통술 주점에서 일을 시작했어요. 아내는 그녀의 이름을 본뜬 '진이주'를 세상에 내놓으면서 전통주 제조업자로 거듭날 수 있었어요. 잘 알려지지 않은 우리나라의 많은 전통주를 세상에 소개하고 있어요. 요즘에는 외국 관광객들이 많이 찾는 전통주로 성장했어요.

에피소드 3

취미를 직업으로 삼은 사람들은 무수히 많아요. 30대 초반에 취미로 그림 그리기를 시작해, 은퇴 후 그림 실력을 활용해 도시를 상징하는 로고를 만드는 일을 하는 사람이 있어요. 어떤 이는 취미로 분재를 만들다 보니 자신만의 노하우가 생겨 은퇴 후 미니분재를 만들어 인터넷을 통해 판매하고 있어요. 이 이외에도 반려견을 위한 간식을 직접 만들기, 축구 경기를 보면서 선수들의 역량 분석하기, 일몰 사진을 목적으로 등산하기, 나무를 관찰하고 웹진 발행하기, 캘리그래피를 배워 자신이 쓴 서체를 디자인으로 정식 등록하여 저작권료를 받는 등 매우 다양하게 취미를 직업으로 활동하고 있죠.

자신이 잘하는 것, 좋아하는 것을 동기로 시작하게 된 취미 생활은 애착의 깊이만큼 점점 더 구체적이고 전문적으로 변화하면서 직업이 된 거예요. 요즘 1인 기업가, 1인 크리에이터로 활동하는 분들이 꽤 있어요. 사람들은 직장 생활하면서 좋아하는 걸로 부업하는 경우도 있고, 직업으로 활동하는 경우도 있어요.

여러분이 살고 있는 지금 시대에는 자신만의 독창적인 어떤 것을 가지고 있어야 성공할 확률이 높아요. 그러려면 중학교, 고등학교 시기부터 찾아야겠죠. 선생님은 지금 책을 읽고 글을 쓰는 삶을 살고 있어요. 40대 중반 이후부터 독서와 글쓰기가 재미있어진 거예요. 매일 매일 글을 쓰다 보니 필력도 향상되고 17권의 책을 출간하게 됐어요. 지금은 학교 일도 하면서 틈틈이 내가 좋아하는 독서와 글쓰기로 인생 2막을 준비하고 있죠. 이렇듯 자신이 좋아하고 하고 싶은 일이 있다면 몰입해서 집중적으로 계획을 세워서 실천하는 노력이 필요해요. 노력 없이 이루어지는 것은 아무것도 없어요.

지금의 여러분은 직업을 찾는 데 있어 돈보다는 자신이 하고 싶은 일에 초점을 맞춰야 해요. 미래 시대는 남들이 다 쌓는 스펙은 경쟁력이 될 수 없어요. 이는 시대착오적인 생각이라고 할 수 있죠. 이제는 자신이 좋아하는 일을 하고 그것이 직업이 되도록 노력해야 하는 거예요. 그것이 곧 여러분이 평생 행복한 길로 가는 지름길이 되는 것이죠.

그럼, 지금부터 무얼 해야 할까요? 관심 있고 좋아하는 것을 분류해서 자신의 성향이라면 이룰 수 있을 것 같은 것들을 선택해야겠죠. 그리고 그 선택한 것을 이룰 수 있는 계획을 세우고 꾸준하게 이루려는 노력이 필요해요. 계획을 세울 때는 구체적이고 실천 가능한 것부터 해야 해요. 너무 무리하게 계획을 세우면 실천하는 데 어려움을 겪게 되고 중간에 포기하게 되죠. 쉽게 포기하지 않고 끝까지 실천하려면 본인의 성향도 잘 파악해서 할 수 있는 작은 것부터 실천해 보는 습관이 중요해요. 요즘에 짧은 동영상이 인기죠. 그런 영상을 좋아한다면 그냥 재미로만 보는 것이 아니고 '나도 한 번 만들어 볼까'라는 생각을 해 보는 거예요. 자극적이고 인기 위주의 영상이 아니라 독자들에게 뭔가 유익한 메시지를 줄 수 있는 짧은 영상을 만들어서 SNS에 업로드 해 보는 거죠. 일순간에 인기를 얻어서 댓글을 많이 받는 영상이 중요한 것이 아니라 여러분의 삶 속에서 동료

학생들에게 도움이 될 만한 것들을 꾸준히 올려보는 거예요. 또한, 하루 5시간 이상씩 게임을 한다면, 정말 게임을 좋아한다면 남들이 만들어 놓은 게임만 즐기는 소비자가 되는 것이 아니라 게임을 분석해 보는 것이죠. 그 게임을 하고 리뷰를 작성해도 돼요. 이런 활동이 좋아하는 것을 직업으로 만드는 과정이라고 할 수 있죠. 이 세상에 그냥 아무 동기도 없이 이루어지는 것은 없어요. 동기도 있어야 하고 꾸준하게 실천하는 활동 속에서 성장하는 것이에요. 오늘부터 내가 하는 활동에 대해 깊이 생각해 보고 간단히 리뷰를 남겨봐요. 쉬운 일부터 하다 보면 그것이 취미가 되고 더 나아가서는 평생 즐겁게 할 수 있는 직업이 될 수 있어요.

1 좋아하는 것을 직업으로 삼았을 때 가장 큰 장점은 무엇일까요?
(   )

① 일하는 시간이 줄어든다.

② 경제적 안정성이 높아진다.

③ 일에 대한 만족도가 높아진다.

④ 다른 사람들과 경쟁할 필요가 없다

2 다음 중 좋아하는 것을 직업으로 삼기 위해 필요한 것이 **아닌** 것은 무엇일까요? (   )

① 처음부터 많은 돈을 투자하기

② 좋아하는 일을 자주 경험해보기

③ 관련 분야에 대한 전문적인 지식 쌓기

④ 자신이 좋아하는 일과 관련된 사람들과 네트워킹하기

3 좋아하는 일을 직업으로 삼았을 때 예상되는 어려움은 무엇이고, 그것을 어떻게 극복할 수 있을지 서술해 보세요.

[예시 답] 제가 좋아하는 일을 직업으로 삼게 된다면, 수입의 불안정성이 가장 큰 어려움일 수 있다고 생각합니다. 이를 극복하기 위해 저는 먼저 다양한 수입원을 만들 계획입니다. 예를 들어, 프리랜서로 일하는 동시에 온라인 강의를 개설하거나, 자기 작품을 판매할 수 있는 플랫폼을 찾는 등 여러 가지 방법을 모색할 것입니다.

(나의 대답은)

03

좋아하는 이유를
깊이 탐색하기

"가장 하고 싶은 일이 뭐예요?"

수업 시간에 이런 질문을 하면 빨리 돈 벌고 싶다고 말하는 아이들이 꽤 있어요. 왜 돈을 벌려는지 물어보면 가지고 싶은 것들을 사고 싶다거나 일찍 돈을 벌어서 성공하고 싶다는 거예요.

"지금 학교생활이 재미없니?"라고 물어보면 학교생활은 재미있다고 하는 거예요. 빨리 어른이 되어서 돈을 벌면 매일 매일 즐거울까? 여러분이 학교 다니는 이유들을 생각해 볼까요? 학교 와서 친구들과 축구도 하고 게임도 하고 공부하는 것이 재미있어서 오는 친구들도 있을 거예요. 그런데 가끔은 학교 가기 싫을 때도 생기게 되지요. 학교생활을 즐겁게 잘하는 친구들도 있지만 학교생활이 재미없는 친구들도 있을 거예요.

자신이 하는 일에 의미도 부여하고 그 속에서 재미를 찾으려는 노력이 필요해요. 어른들을 보면 일을 정말 잘하는 사람들은 대부분 꽤 즐기면서 하거든요. 사실 공부든 일이든 즐기지 않으면 잘할 수 없는 거라고 말할 수 있어요. 즐길 줄 알아야만 자신의 에너지와 재능을 모두 발휘할 수 있으니까요.

학교를 빨리 졸업하고 돈을 벌고 싶겠지만 막상 어른이 되어 직업을 가지면 매일매일 즐겁지만은 않을 수도 있어요. 하지만 자신이 원하는 분야에서 일을 하게 되면 꽤 재미있게 일할 수는 있겠죠. 부모님을 한 번 살펴봐요. 아니면 부모님에게 여쭤보는 것도 좋을 거예요. "엄마 아빠는 일하는 게 재미있어?", "엄마 아빠는 평소 하고 싶은 일을 하는 거야?"라고 물어보는 거예요. 부모님은 어떤 대답을 해줄까요? "응, 우리 가족이 먹고살기 위해 일을 하는 거야.", "너희들 공부시키려고 일하지만 일을 하다 보면 즐거운 경우가 많이 있으니까 다니지"라고 말씀하실 거예요. 직업인 대부분이 먹고살기 위해서 일을 하지만 그 속에 즐거움이라는 것이 존재해요. 많은 사람이 얘기하는 좋은 직장이란 즐겁고 재미있게 할 수 있는 일을 말하는 것이라고 할 수 있어요. 대학교를 졸업하고 IT 기업에 취업한 지훈이는 일주일에 두 번은 재택근무하고 회사 출근을 세 번만 하고 있어요. 자기가 원하는 분야에서 일을 하니까 재미있다고 해요. 지훈이는 회사에서 퇴근하면 주변 친구들이나 동료들과 앱 개발하는 프로젝트를 하고 있다고 해요. 끊임없이 배우고 자기 커리어를 쌓기 위해서라고 말하더라구요. IT 분야에서 일하는 것이 즐겁고 좋아하다 보니 더 나아가서 스스로 뭔가 만들어 보고 싶은 욕망이 생긴 것이죠. 직업 활동 하면서 좋아하는 이유를 찾는 것은 매우 중요한 문제예요.

선생님이 근무하는 학교 식당 입구에 점심시간이면 축구공이 항상 10개씩 쌓여 있어요. 학생들이 밥을 먹고 운동장에서 축구하려고 가지고 온 축구공이죠. 어떻게 보면 수업 시간에 공부하는 것보다 점심시간이나 쉬는 시간에 친구들과 축구하는 것이 더 재미가 있을 거예요. 사실 공부나 성적은 재미와는 좀 거리가 있어요. 그래도 여러분은 그 속에서 즐거움을 찾으면서 열심히 하고 있잖아요. 여러분이 원하는 직업 활동을 하기 위해서 공부를 즐겁게 하는 것이지요. 좋아하는 과목이 더 재미있고 배우는 게 즐겁듯이 일도 직업도 평소 즐거움 속에서 찾는 게 중요한 해요. 학교를 졸업하고 어른이 된 후에 어느 직장에서 일하게 되더라도 업무 능력은 자신이 무엇을 좋아하고 즐길 줄 아느냐에 따라 결정될 수 있어요. 그러려면 평소 자신이 무엇을 즐기고 재미있어하는지를 잘 파악해야겠지요. 그리고 그 재미있게 즐기는 것들을 직업으로 연결할 수 있는 고리를 찾아야지요.

청소년 시기에 대해 '도대체 내가 즐겁게 할 수 있는 것이 무얼까?'라는 문제에 대해 깊이 생각해 봐야 해요. 어른들도 쉽게 대답할 수 있는 질문은 아니라고 생각해요. 스스로 무엇을 잘하고 무엇을 좋아하고 관심 있는지 구체적으로 설명한다는 것은 쉬운 일이 아니죠. 여러분이 좋아하는 축구 경기를 시청한 후에 질문을 받으면 어떻게 대답할 수 있을까요? "어, 재미있었어요." 대부분 이렇게 대답하지요. 질문자의 의도를 파악해서 그 경기가 왜 재미가 있었는지 그 이유까지 생각해서 대답할 줄 알아야 해요. 시간이 좀 걸리더라도 내 주변에서 일어나는 일들에 대해 왜 그런지 깊이 있게 생각해 보는 습관이 중요하겠죠.

좋아하는 것을 질문하면 쉽게 대답하지 못하는 학생들이 많아요. 그런데 생각해 보면 어려서부터 즐거운 활동을 많이 하면서 살아왔는데 생각나지 않는다고 퉁 치는 경향이 있는 것 같아요. 잠시 스마트폰의 전원을 차단하고 심호흡하고 책상 앞에 앉아요. 볼펜으로 종이에 아주 어렸을 때부터 재미를 느꼈던 것들을 적어요. 고무줄놀이, 딱지치기, 포켓몬 게임 하기, 음악감상, 카드놀이, 상상해서 그림 그리기, 피아노 연주하기, 동생과 놀아주기, 놀이터에서 친구들과 게임 하기, 공원에서 축구하기, 부모님과 야구 경기 보러 가기, 스스로 라면 끓여 먹기 등 무엇이든 적어 보는 거예요. 이상하거나 창피하거나 남들이 보면 비웃지 않을까, 라는 걱정은 하지 않아도 돼요. 바로 여러분이 즐겁게 할 수 있는 재미있는 것들을 적어 보는 것이지요.

그다음에는 스스로 질문을 해 봅니다. "나는 왜 이런 활동들이 재미있고 즐거울까?" 즉, 즐겁게 하는 일들에 대해 깊이 있게 생각해 보는 거예요. 평소 깊이 있게 생각해 보지 않고 습관적으로 했던 일들인데 다시 한번 적은 것을 읽으면서 재미있고 즐거웠던 느낌을 생각해 보면서 이유를 찾아보는 거죠. 예를 들어, 놀이터에서 친구들과 고무줄놀이가 재미있다고 기록했으면 그 옆에 빨간색 볼펜으로 "친구들과 어울려서 게임을 하다 보니 친구를 배려하기도 하고 더 친해질 수 있어서 좋았다"라고 적어 보는 거예요. 이렇게 내가 적은 활동 옆에 그 이유를 적어 보는 것이지요.

여러분 부모님이나 주변 어른들을 보면, 낚시, 등산, 게임, 축구동호회, 음악감상 등 취미 활동도 하고, 그 분야에서 일하는 분들을 볼 수 있을 거예요. 어른들이 하는 대부분의 일은 어린 시절 즐겁게 했던 활동들과 관련이 있을 가능성이 크다고 볼 수 있어요. 여러분이 지금 즐겁게 하는 일들이 20년 30년 후 직장에서 느낄 즐거움과 같은 종류일 가능성이 크다고 볼 수 있지요. 여러분이 커서 무슨 일을 해야 할지 지금부터 심각하게 고민할 필요는 없어요. 지금 즐기는 일들과 그것들의 이유를 찾으면서 그 이유를 성취하기 위한 공부를 하다 보면 나아갈 길이 보이게 될 거예요. 그렇지만 축구를 좋아한다고 꼭 축구선수가 되어야겠다는 다짐은 필요가 없다는 얘기예요.

우리나라에 1만 7천여 개의 직업이 있다고 해요. 이 많은 직업 중에 여러분에게 즐거움을 줄 수 있는 일거리는 반드시 존재할 거예요. 그리고 지금 즐기는 일들과 연관된 일거리를 찾을 확률도 높을 거예요. 어른이 되어 여러분과 성향이 같은 즐거운 일들을 찾는다면 직업을 선택하는 것이 훨씬 쉬워지겠지요. 자신의 일상생활에서 즐거움을 찾는다는 것은 살아가는 데 힘이 되고 활력이 되어요. 그냥 대충대충 상황들을 넘기지 말고 자신이 깊이 있게 생각해 보는 습관이 필요해요. '내가 왜 이런 활동을 하고 있지', '내가 오늘은 왜 공부하는데 짜증이 날까' 자신에게 질문을 던져야 해요. 즐거운 이유와 즐겁지 않은 이유를 깊게 생각해 보는 것은 자기 자신을 올바르게 이해하고 일상생활에서 벌어지는 상황들을 제대로 파악할 수 있는 계기가 되기 때문이에요. 성인이 되어 직업 활동을 즐겁게 하다 보면 더 행복하겠죠. 좋아하는 이유를 깊이 있게 탐색하는 습관을 갖도록 해 보아요.

1 지훈이가 점심시간에 친구들과 축구를 하는 가장 큰 이유를 고르세요?

( )

① 운동을 좋아하기 때문에

② 시간이 빨리 가기 때문에

③ 친구들과의 친목을 다질 수 있기 때문에

④ 축구 경기를 잘해서 즐거움을 느끼기 때문에

2 사람이 무언가를 좋아하는 이유를 잘 표현한 것을 고르세요?

( )

① 좋아하는 것을 더 자주 경험하기 위해

② 좋아하는 것에서 금전적 자산을 갖기 위해

③ 다른 사람들에게 자신의 편안함을 설명하기 위해

④ 자신만의 즐거움을 찾으면서 자신의 가치관을 갖기 위해

1 좋아하는 이유를 탐색하는 과정에서 자기 자신을 더 잘 이해하게 되는 주요 이점이 무엇일까요? (   )

① 새로운 취미를 찾게 된다.

② 스스로에 대한 처리가 이루어진다.

③ 친구들과 더 많은 시간을 보낼 수 있다.

④ 좋아하는 것을 남들과 쉽게 공유할 수 있다.

우연한 기회를
놓치면 안 되는 이유

중학교 2학년인 철수는 학기 초 동아리 반 배정에 대해 고민했어요. 1학년 때 했던 코딩동아리가 별로 맘에 들지 않았던 거죠. 2학년이 되면서 뭔가 새로운 활동에 도전해 보고 싶었는데, 친구가 축구동아리에 가자고 말하는 거예요. "나는 축구를 별로 좋아하지 않아"라고 처음에는 거절했는데, 철수와 친한 친구들이 모두 축구동아리를 신청한 겁니다. '올해는 축구를 배워보는 것도 괜찮겠다'라며 친구 따라가기로 마음먹고 선택했어요.

동아리 활동을 하다 보니 축구도 재미있더라고요. 땀을 흘리고 시원하게 세수하니까 기분이 상쾌한 거예요. 평소 느껴보지 못한 쾌감을 맛본 거지요. 선생님이 발재간도 있다면서 칭찬을 해주니까 더 기분이 좋아졌어요. 3학년 때도 축구동아리를 하면서 학교 간 축구

경기대회 주전 선수로도 활약하게 된 거예요. '네가 이렇게 축구를 잘할 수 있었냐'라며 친구들이 부러워하는 것이었죠. 중학교 3학년이 되면서 고민이 생겼어요. 성인이 되어서도 축구선수는 할 수 없는 상황이고 진로 방향을 어느 분야로 계획을 세워야 할지 고민인 거지요. 축구동아리에서 2년간 활동은 철수에게 자신감도 생기게 했고, 체력도 좋아지게 했어요. 철수는 체육 분야나 체육 선생님에 도전해 보기로 했어요. 그래서 일반고에 진학해서 대학교 체육교육학과를 목표로 공부를 시작했어요. 2학년 때 친구 따라 들어간 동아리가 꿈을 설계하게 된 계기가 된 거예요.

크롬볼츠의 우연 학습이론(Krumboltz's Happenstance Learning Theory)이라는 게 있어요. 즉, 사람들이 예상하지 못한 사건이나 기회를 통해 학습하고 경력을 쌓아가는 과정을 설명하는 이론이에요. 이 이론은 우리가 계획하지 않았던 상황이나 우연한 기회를 통해 새로운 경험을 하고, 그 경험이 우리의 진로와 경력에 중요한 영향을 미칠 수 있다는 점을 강조해요. 철수처럼 우연한 기회에 축구동아리 들어갔다가 체육 교사의 꿈을 키우게 되는 것처럼 말이죠.

사람들이 인생에서 만나게 되는 많은 중요한 기회는 계획하지 않은 상황에서 발생하는 경우가 많아요. 예상치 못한 만남, 새로운 경험, 갑작스러운 변화 등이 우리가 살아가는 데 큰 영향을 줄 수 있죠. 선생님은 고등학교 동창들을 만나면 "네가 어떻게 교사가 됐니?"라는 질문을 많이 받아요. 학창 시절의 나와 지금의 나는 완전히 다르거든요. 동창들을 나의 성장 과정을 볼 수 없었고, 지금의 결과만을 보니까 어떻게 교사가 됐는지 궁금한 것이죠.

교사가 되고 책 쓰는 작가가 되는 과정에서 선생님이 중요하게 생각했던 건 실행력과 긍정적인 마음가짐이었어요. 그냥 스칠 수 있는 우연들을 성공으로 연결하게 된 선생님 이야기를 해줄게요.

첫째는 **일상생활 속에서 생각 없이 흘려보낼 수 있는 것들을 유심히 관찰해요.** 선생님들이나 친구들과 이야기할 때도 내가 새겨듣고 수업 시간에 활용할 팁들이 있는지 생각하면서 경청하는 것이죠. 이렇게 집중해서 상대방의 이야기를 들으면서 나에게 적용할 아이디어를 구상하고 있어요.

둘째는 **일단 실천해 보는 거예요.** 수업 시간에 활용할 팁이나 활동들, 독서하는 방법들을 실천하고, 강의 의뢰가 들어오면 일정만 겹치지 않으면 일단 도전하는 것이죠. 매년 1월 1일 계획을 세우고 책상 위에 붙여놓고 매일 쳐다보면서 실천하고 있어요. 내가 정한 목표는 반드시 실천하는 습관을 갖게 된 것이죠.

셋째는 **긍정적인 태도와 준비가 필요해요.** 새로운 기회를 받아들이고, 도전하는 자세가 중요하지요. 한 번 실패했어도 다시 일어서는 힘은 긍정적인 태도예요. 하루의 생활을 부정적인 생각보다는 긍정적인 생각으로 채워보아요.

넷째는 **지속적인 학습활동을 갖는 거예요.** 사람들은 끊임없이 변화하는 환경에 적응하고, 새로운 기술과 지식을 습득해야 해요. 우연한 기회를 통해 배우고 성장하는 것이 중요하지요.

이처럼 크롬볼츠의 우연 학습이론은 계획하지 않은 상황이나 사건이 우리의 학습과 경력에 중요한 영향을 미칠 수 있음을 강조해요. 따라서, 다양한 경험을 통해 새로운 기회를 발견하고, 그 기회를 활용하는 것이 중요합니다.

민수는 새 학교로 전학 갔어요. 전학 첫날, 그는 긴장된 마음으로 교실에 들어갔어요. 모두가 낯선 얼굴들이었지요. 자리를 찾던 중, 맨 뒤쪽 창가에 앉았어요. 수업이 시작되기 전에 민수는 주변을 둘러보았어요. 바로 옆자리에 앉은 소녀가 눈에 띄었어요. 그녀는 책을 읽고 있었죠. 표지는 보이지 않았지만, 책에 몰입하고 있었어요.

"안녕, 나는 민수야. 너는 뭐 읽고 있어?" 민수가 물었어요.

소녀는 책에서 눈을 떼고 민수를 바라보았어요. "안녕, 나는 지혜야. 이건 고생물학 책이야. 공룡에 대해 알아보는 중이야."

민수는 고개를 끄덕였어요. "공룡이라니, 멋지다! 나도 어렸을 때 공룡 좋아했었는데."

몇 주 후, 학교에서 과학 박람회가 열렸어요. 모든 학생은 참여하거나 관람할 수 있었지요. 민수는 박람회에 큰 관심이 없었지만, 지혜가 참가한다고 해서 함께 가기로 했어요. 지혜는 공룡에 대한 프로젝트를 준비 중이었어요.

"민수야, 너도 한번 참여해 볼래? 네가 좋아하는 주제로 프로젝트를 만들 수 있어." 지혜가 제안했어요. 민수는 고민했어요. 그는 과학에는 별로 흥미가 없었지만, 지혜와 함께라면 재미있을 것 같았어요. "좋아, 한번 해 볼게. 근데 어떤 주제를 골라야 할지 모르겠네." 지혜는 웃으며 말했어요. "네가 어렸을 때 공룡을 좋아했다고 했잖아. 공룡과 관련된 주제로 해 보는 건 어때?" 민수는 고개를 끄덕였어요. "좋아, 공룡에 대해 더 알아보고 프로젝트를 준비해 볼게."

민수는 도서관에서 공룡에 관한 책들을 찾아 읽기 시작했어요. 처음에는 단순한 흥미로 시작했지만, 점점 더 깊이 빠져들었죠. 공룡의 종류, 생태, 멸종 이유 등 다양한 주제를 다루며 흥미로운 사실들을 발견했어요. 지혜와 함께 도서관에서 시간을 보내며 자료를 조사했어요.

"민수야, 여기 이 책 봐. 공룡의 생김새가 시대에 따라 어떻게 변했는지 나와 있어." 지혜가 한 책을 보여주며 말했어요. "와, 정말 흥미롭다. 이걸 프로젝트에 포함해야겠어." 민수가 대답했죠.

드디어 과학 박람회 당일이 되었어요. 민수와 지혜는 각자의 프로젝트를 발표했어요. 민수는 공룡에 관한 공부한 내용을 중심으로 발표했어요. 그의 발표는 많은 학생과 선생님의 관심을 끌었어요.

"안녕하세요. 저는 민수입니다. 오늘은 공룡에 관해 이야기해 보려고 합니다. 공룡은 약 2억 3천만 년 전부터 약 6천 5백만 년 전까지 살았던 고대의 생물입니다. 다양한 종류의 공룡들이 존재했으며, 그들은 다양한 생태계에서 중요한 역할을 했습니다."

민수의 발표가 끝나자, 사람들은 박수와 함께 칭찬을 아끼지 않았어요. 그날 이후로, 민수는 과학에 대한 흥미를 더 깊이 가지게 되었죠. 박람회가 끝난 후, 민수는 지혜에게 고마움을 전했어요. "지혜야, 네 덕분에 새로운 관심사를 발견하게 되었어. 나도 과학을 좋아할 수 있다는 걸 알게 됐어." 지혜는 웃으며 대답했어요. "정말 기뻐. 너의 발표는 정말 멋졌어. 계속해서 관심을 가져봐. 너도 훌륭한 과학자가 될 수 있을 거야." 민수는 결심했어요. 과학 공부를 계속하고, 더 깊이 탐구해 보기로 했던 거죠. 지혜와 함께 도서관에서 더 많은 시간을 보내며 다양한 과학 주제를 공부하기 시작했어요.

몇 년이 지나 민수는 고등학생이 되었죠. 그는 과학동아리에 가입하고, 다양한 과학 대회에 참가하며 많은 성과를 거두었죠. 특히, 공룡과 고생물학에 관한 그의 연구는 주목받기 시작했어요. 어느 날, 그는 국제 과학 대회에 참가할 기회를 얻게 되었어요. "민수야, 너 국제 과학 대회에 나가게 되었다며? 정말 대단해!" 지혜가 기뻐하며 말했어요. "응, 나도 정말 놀랐어. 너와 함께했던 그 첫 과학 박람회가 이렇게 큰 변화를 가져다줄 줄은 몰랐어." 민수가 대답했어요.

민수는 국제 과학 대회에서 자신의 연구를 발표했고, 많은 사람의 찬사를 받게 되죠. 그는 대학에서 고생물학을 전공하게 되었고,

나중에는 유명한 고생물학자가 되었어요. 그의 연구는 많은 사람에게 도움을 주었어요. 그는 자신의 연구를 통해 많은 사람에게 고생물학의 중요성을 알리게 되었죠. "민수야, 네가 이렇게 멋진 과학자가 될 줄 알았어. 처음에는 단순히 공룡이 좋아서 시작했지만, 이제는 정말 많은 사람에게 도움을 주는 사람이 되었어." 지혜가 말했어요. 민수는 웃으며 대답했죠. "모두 너 덕분이야, 지혜야. 네가 아니었으면 나는 과학에 대해 흥미를 가지지 못했을 거야. 우연히 시작된 일이 이렇게 큰 변화를 가져다주다니, 정말 놀라워."

민수의 이야기는 크롬볼츠의 우연 학습이론을 잘 보여주고 있어요. 우연히 시작된 작은 기회가 그의 인생을 크게 바꿔놓았죠. 그는 그 기회를 통해 성장하고 발전했어요. 우리는 예기치 못한 기회들을 잘 활용하여 우리의 삶을 더욱 풍요롭게 만들 수 있어요. 민수의 이야기처럼, 여러분도 다양한 경험을 통해 새로운 가능성을 발견하고, 그 기회를 활용해 보길 바라요. 평소 관심 없는 분야에도 귀 기울이고 도전해 보려는 자세가 중요해요.

🔦 미래 설계 활동 4-4

1 크롬볼츠의 우연학습이론에서 강조하는 태도는 무엇일까요?

(   )

① 실패를 두려워하지 않는다.

② 실패를 남의 탓으로 돌린다.

③ 실패를 학습의 기회로 삼는다.

④ 실패하고 다시 시도하지 않는다는 것이다.

2 우연학습이론에서 "우연한 사건"이 진로 선택에 긍정적인 영향을 미칠 수 있는지 예를 들어 설명해 볼까요.

[예시 답] 우연히 참여하게 된 기타동아리 활동이 자신이 좋아하는 분야를 발견하는 계기가 될 수 있다

(나의 대답은)

3 내가 경험한 우연한 사건들을 정리해 봐요.

[예시 답] 엄마 따라가 관람했던 뮤지컬 공연이 내 직업이 될 줄이야.

(나의 대답은)

꿈을 찾는데
좀 늦으면 어때

중국 삼국시대 위나라에 최염이라는 유명한 장수가 있었어요. 그에게는 최림이라는 사촌 동생이 있었는데, 외모도 잘생기지 못했고 직업을 가지고 있지도 못해서 친척들로부터 멸시를 당하면서 살게 됐어요. 하지만 최염 장군만은 그의 재능을 꿰뚫어 보고 이렇게 말했어요.

"큰 종이나 큰 솥은 그렇게 쉽사리 만들어지는 것이 아니다. 그와 마찬가지로 큰 인물도 성공하기까지는 오랜 시간이 걸리는 법이다. 내가 보기에 너도 그처럼 대기만성형이다. 좌절하지 말고 열심히 노력해라, 그러면 틀림없이 네가 큰 인물이 될 것이다."

과연 그의 말대로 최림은 후일 천자를 보좌하는 삼공에 이르게 되었어요. 지금으로 말하면 국무총리쯤 되는 직위라고 할 수 있어요. 그래서 대기만성(大器晚成)이라는 고사성어가 나오게 된 거예요. 큰 그릇을 만드는 데는 시간이 오래 걸린다는 뜻으로 크게 될 사람은 늦게 이루어진다는 말이에요. 흔히 비교적 늦은 나이에 성공한 사람들을 '대기만성형 인물'이라고 불러요.

여러분 KFC 패스드푸드점 잘 알고 있지요. 켄터키프라이드치킨 창업주인 커넬 샌더스 할아버지도 아주 늦은 나이에 창업해서 성공한 사례라고 볼 수 있어요. 그는 6살에 아버지를 잃었어요. 그리고 일하는 어머니와 어린 두 동생이 있었죠. 웬만한 음식은 다 요리할 정도로 집안일을 도맡았다고 해요. 10살 때 농장에서 일을 해야만 했고, 12살에 어머니가 재혼하며 고향을 떠났게 됐죠. 페인트공, 타이어 영업사원, 유람선 선원, 주유소 직원 등 닥치는 대로 일을 했어요. 그렇게 시간이 흘러 어느덧 중년의 나이가 되었어요. 어린 시절부터 묵묵히 땀 흘려 모은 돈으로 그는 마침내 40세에 미국 켄터키 주의 코빈이라는 작은 도시에 주유소를 차리게 됐어요. 요리에 자신 있었던 커넬은 자신이 경영하는 주유소 뒤에 작은 창고를 개조해 자신만의 조리법으로 만든 닭튀김을 만들어 팔기 시작했어요. 그런데 이게 번창하게 되자 주유소를 없애고 요식업에 뛰어들었어요. 사업은 날로 번창했지만, 그것도 잠깐, 식당에 화재가 발생하여 힘겹게 만든 모든 걸 한순간에 잃고 말았죠.

하지만 좌절도 잠시, 이러한 실패에도 불구하고 그는 다시 닭튀김 조리법을 개발해 도로변에 '샌더스카페'를 열어 또다시 인기를 얻기 시작해요. 59세가 되던 해, 그만의 비법이 담긴 치킨 요리로 유명세를 얻자, 켄터키 주지사로부터 켄터키 커널이라는 호칭을 받게 되어요. 그러던 중 그가 경영하는 식당 옆으로 고속도로가 놓이게 되는 상황이 벌어지죠. 마을은 고속도로 반대편으로 옮겨가고 결국 식당을 찾는 손님은 아무도 없게 된 거예요. 미처 손을 써 볼 틈도 없이 식당은 경매에 넘어가고 커널 샌더스는 또다시 수중에 돈 한 푼 없는 알거지가 됩니다.

그때 그의 나이 65세였어요. 그리고 그와 함께 수중에 남은 돈은 사회보장금으로 지급된 105불이 전부였다고 해요. 도대체 105불을 가지고 무엇을 새로 시작할 수 있단 말인가. 그러나 그는 낡아빠진 자신의 트럭에 남은 돈을 몽땅 털어 다시 길을 떠납니다. 그동안 레스토랑을 운영하며 꾸준히 개발해 온 독특한 조리법을 팔아보기로 한 거예요. 트럭에서 잠을 자고, 주유소 화장실에서 면도하며 미국 전역을 돌아다녔죠. 영업을 위해 찾아가는 식당마다 그의 소스를 반기는 사람은 없었어요. 쉽지 않은 도전이었죠. 무려 1천 8번이나 거절을 당하고, 마침내 1천 9번째 자신의 조리법을 받아들인 식당을 찾아냈어요. 그것이 바로 오늘날 KFC 1호점이 탄생하는 순간이었죠.

인간은 누구나 끊임없이 꿈과 목표를 추구하면서 살아가고 있어요. 하지만 그 꿈을 찾는 과정이 항상 쉽거나 빠른 것은 아니에요.

특히 청소년기에는 꿈을 찾는 것이 중요한 시기이지만, 모든 청소년이 뚜렷한 목표를 갖고 있지 않은 것이 현실이죠.

진로상담을 하다 보면 친구는 꿈을 찾아서 잘 준비해 나가는데 자신은 꿈이 없어서 너무 늦은 것 아니냐고 말하는 학생들이 있어요. 백세시대인데 이제 10대인 여러분에게 앞으로 많은 기회가 기다리고 있어서 절대로 늦은 것은 아니라고 말해주고 있죠. 위 두 가지 사례를 보더라도 꿈을 찾는데 좀 늦어도 괜찮다는 생각을 가져야 해요.

꿈을 찾는 것은 단순히 목표를 설정하는 것이 아니라, 자기 자신을 깊이 이해하고 자신의 관심사와 열정을 발견하는 과정이에요. 많은 청소년이 주변의 기대와 압박 속에서 자신이 원하는 것을 찾기보다는, 사회가 요구하는 목표를 따라가려는 경향이 있어요. 하지만 진정한 꿈은 내면에서 나오는 것이며, 이는 시간이 걸릴 수도 있다는 것을 알아야 해요.

청소년 대부분은 "나는 왜 아직 꿈을 찾지 못했을까?"라는 질문에 불안한 학창 시절을 보내게 되죠. 학교에서는 수업 활동이나 상담을 통해 목표 설정에 관한 이야기는 많이 듣지만 각자의 속도와 과정이 다르다는 것이죠. 중요한 건 꿈을 찾는 속도가 아니라 그 과정에서 무엇을 배우고 어떤 경험을 쌓느냐이에요.

실제로 많은 성공한 사람들은 청소년기나 20대 초반에 명확한 꿈을 갖지 못했어요. 그들은 다양한 경험을 통해 자신이 진정으로 원하는 것을 발견한 것이죠. 꿈을 찾는 과정은 다양한 경험을 통해 이루어져요. 다양한 활동과 경험을 통해 자신이 무엇을 좋아하고, 무엇을 잘 할 수 있는지를 찾을 수 있는 거죠. 예술, 스포츠, 과학, 봉사 활동, 동아리 활동 등 다양한 분야에 참여해 보면서 자신이 흥미를 탐구하는 활동이 중요한 것이죠. 이러한 경험들은 단순히 꿈을 찾는 것뿐만 아니라, 인생의 소중한 자산이 돼요.

꿈을 찾는 과정에서 실패는 불가피해요. 즉 어떤 경우에도 시련이나 실패를 겪게 된다는 이야기예요. 실패를 통해 배우고 성장할 수 있다는 긍정적인 마음가짐을 가져야 해요. 실패는 단지 과정의 일부일뿐이며, 이를 통해 여러분은 더욱더 단단해집니다. 실패를 두려워하지 않고 도전하는 용기가 필요하겠죠. 꿈을 찾는 여정에서 실패는 새로운 기회를 열어주는 열쇠가 될 수 있는 거죠.

청소년기에는 특히 다른 사람과 자신을 비교하는 경우가 많아요. 친구나 동료가 뚜렷한 목표를 갖고 있다면, 자신이 뒤처진다고 느낄 수 있어요. 그러나 각자의 특성이나 성향은 다르며 비교는 불필요한 스트레스만을 초래하게 되어요. 중요한 것은 자신의 길을 찾고, 자신의 속도로 나아가는 것이에요.

꿈을 찾는 과정은 자아를 탐색하는 시간이기도 해요. 자신을 이해하고 자신의 가치와 신념을 확인하는 과정에서 여러분은 진정으로 원하는 꿈을 찾을 수 있겠죠. 이 과정에서 선생님이나 부모님 그리고 친구와의 대화는 큰 도움이 됩니다. 자기 생각을 나누고 조언을 구하면서 자신에 대해 더 깊이 이해하려고 노력해야겠죠.

꿈은 시간에 따라 변할 수 있어요. 청소년기에 가졌던 꿈이 성인이 되어 다른 형태로 변하거나, 새로운 꿈을 발견할 수도 있어요. 이는 아주 자연스러운 과정이며, 변화에 유연하게 대응하는 것이 중요합니다. 꿈이 변하는 것을 두려워하지 말고 새로운 꿈을 향해 나아가는 용기를 갖길 바라요.

꿈을 찾는 데 시간이 걸리는 건 당연합니다. 중요한 것은 꿈을 찾는 과정에서 무엇을 배우고, 어떻게 성장하느냐입니다. 경험을 통해 자신을 발견하고, 실패를 두려워하지 말고, 다른 사람과 비교하지 않으며, 자신의 길을 꾸준히 걸어가 보아요. 꿈을 찾는 과정 자체가 소중한 경험이며, 이를 통해 우리는 더 나은 자신으로 성장하게 됩니다. 꿈을 찾는데 좀 늦으면 어때요? 늦었다고 생각하는 그 순간이 바로 시작입니다.

1 꿈을 찾는 데 시간이 걸리더라도 그것이 인생에 긍정적인 이유는 무엇일까요? (   )

① 빨리 꿈을 찾으면 지루할 수 있기 때문에

② 꿈을 찾는데 시간이 부족한 것이 있기 때문에

③ 꿈을 찾으면 더 이상 노력할 필요가 없기 때문에

④ 다양한 경험을 통해 더 넓은 범위에 있는 꿈을 찾을 수 있기 때문에

2 꿈을 발견할 때 나타날 수 있는 긍정적인 결과는 무엇일까요?
(   )

① 꿈을 가질 수 있다고 생각하게 됩니다.

② 꿈을 찾는 것이 중요하지 않다고 생각합니다.

③ 꿈을 찾는 대신 다른 사람의 꿈을 따라갑니다.

④ 꿈을 이루기 위해 다양한 활동에 참여하게 됩니다.

PART 5

진로와 학습
그리고 독서

공부만 잘하면
되는 걸까?

진로 수업을 하고 있는데 뒤에 앉은 미영이가 뭔가를 열심히 적고 있었어요. 조용히 가서 봤더니 영어 학원 숙제를 하고 있더라고요. 숙제가 급해서 그랬을 수도 있는데, 수업 시간에 하는 건 아니죠. "미영아, 숙제할 시간 줄 테니 지금은 선생님 이야기를 들어 줄래"라고 했어요. 그랬더니 미영이가 죄송하다면서 문제집을 접어 가방에 넣더군요. 중고등학교 교육과정에서 중요하지 않은 과목은 없어요. 많은 학생이 시험을 잘 보기 위한 공부를 하는 것이 선생님은 좀 안타깝더군요. 대학 진학과 취업을 위해서는 공부도 잘해야 해요. 그런데 목표를 가지고 공부하느냐, 그냥 시험이 목적인 양 공부하느냐의 마음가짐은 엄청나게 다른 결과를 가져올 거예요. 인공지능 시대 세상에는 공부만 잘해서는 힘들 수도 있어요.

여러분이 잘 알고 있는 애플의 창업자 스티브 잡스는 학교에서 공부를 잘하지 못했어요. 그는 대학교도 중퇴했죠. 하지만 그는 뛰어난 창의력과 도전정신으로 세상을 변화시켰어요. 잡스는 자신의 열정과 창의성을 바탕으로 아이폰과 같은 혁신적인 제품을 만들었고, 이로써 애플은 세계적인 기업이 되었지요.

미국의 39대 대통령 지미 카터는 대통령이 되기 전 조지아 주의 작은 농장에서 일했어요. 카터는 평범한 사람이었지만, 성실함과 인내심으로 대통령 자리까지 오를 수 있었어요. 그는 대통령으로서 인권과 평화를 위해 많은 노력을 기울였고, 노벨 평화상을 수상했죠.

공부만 잘해서는 성공적인 인생을 살기 어려워요. 물론 공부는 중요하죠. 하지만 그것만으로는 부족해요. **창의력, 도전정신, 사회적 책임감, 성실함, 인내심** 등 다양한 요소들이 함께 어우러질 때 진정한 성공을 이룰 수 있는 거죠. 그러니 여러분도 다양한 경험을 쌓고, 공부 외의 것에도 관심을 가지며 성장해야겠죠.

'행복은 성적순이 아니다'라는 말을 많이 들어봤을 거예요. 선생님이 오십 중반까지 살아보니 이 말의 의미를 알 수 있겠더라고요. 선생님 친구들이나 선후배들을 보면 공부 잘한 사람이 꼭 성공한 것은 아니라는 얘기에요. 많은 청소년이 이 말에 공감은 하지만, 실제 생활에서는 성적에 큰 중압감을 느끼고 있는 것이 현실이에요.

성적은 개인의 학업 성취도를 평가하는 중요한 지표 중 하나예요. 좋은 성적을 받으면 자신감이 생기고, 더 나은 교육 기회를 얻을 수 있는 문이 열리는 것이죠. 그러나 성적이 좋다고 해서 반드시 성공한다든지 행복한 것은 아니에요. 성적이 좋지 않더라도 행복한 삶을 사는 방법은 아주 많거든요.

행복이란 뭘까요? 행복은 주관적이고 개인적인 경험으로, 각자가 중요하게 여기는 가치와 목표에 따라 다르게 정의될 수 있어요. 일부에게는 학업 성취가 행복의 중요한 요소일 수 있지만, 다른 사람들에게는 가족, 친구, 건강, 여가 활동, 봉사활동 등이 더 큰 행복의 원천이 될 수 있죠. 성적 외에도 우리 삶에는 아주 중요한 요소가 많아요.

첫째는 **인간관계**죠. 가족과 친구 관계는 미래를 즐겁게 살아가는 데 매우 중요한 요소 중 하나예요. 좋은 인간관계는 정서적으로 안정되고, 스트레스를 줄이며, 삶의 만족도를 높여줍니다. 많은 학자의 연구에서도 가족과 친구와의 긍정적 관계가 행복에 큰 영향을 미친다는 것을 보여주고 있어요.

둘째는 **건강**이에요. 신체적, 정신적 건강은 평생 살아가는 데 아주 중요한 요인이죠. 건강하지 않으면 어떤 성취도 진정한 행복을 가져다주기 어려워요. 규칙적인 운동, 올바른 식습관, 충분한 수면, 그리고 스트레스 관리 등은 건강을 유지하는 데 필수적이죠.

셋째는 **자기 계발과 취미 활동**을 꾸준히 해나가는 거예요. 자신이 좋아하는 일을 하고, 새로운 것을 배우며 성장하는 과정은 큰 행복을 주거든요. 취미 활동이나 자기 계발은 스트레스를 줄이고 삶에 활력을 주고 있어요. 이는 성적과는 무관하게 개인의 삶의 질을 높이는 중요한 요소라고 할 수 있어요.

넷째는 **사회적 책임과 봉사활동**이에요. 다른 사람을 돕고 사회에 기여하는 활동도 행복 요소 중 하나죠. 봉사활동이나 자선활동을 통해 우리는 다른 사람들과 연결되고, 공동체 일원으로서 역할을 다하며, 자신이 가치 있는 존재임을 느낄 수 있는 거죠.

우리 사회는 여전히 성적을 중시하는 경향이 강해요. 이는 많은 학생에게 큰 압박으로 다가오며, 심리적 스트레스를 유발할 수 있는 거죠. 성적이 좋지 않으면 실패자로 낙인찍히는 듯한 느낌을 받기도 하는 것이 현실이기도 해요. 이러한 사회적 압력은 학생들의 자존감과 정신 건강에 부정적인 영향을 미칠 수 있으니 주의해야죠. 많은 학생이 학업 스트레스로 인해 정신적, 신체적 건강 문제를 겪고 있으며, 이는 장기적으로도 큰 문제로 이어질 수 있어요.

성적 때문에 공부하는 것이 아니라 행복을 찾기 위해 자신에게 맞는 방법을 찾아야 하는 것이 중요해요. 자신이 진정으로 원하는 것이 무엇인지, 어떤 상황에서 행복을 느끼는지 자신에게 질문해 보세요. 자기 자신을 이해하는 과정에서 공부의 목적도 찾을 수 있고 행복한 삶을 설계할 수도 있게 될 거예요. 공부, 일, 여가, 인간관계 등 다양한 요소들이 균형을 이루는 삶을 추구하세요. 한 가지에만 몰두하기보다는 다양한 활동을 통해 삶의 균형을 맞추는 것이 중요해요. 또한, 긍정적인 마인드를 갖추어야 해요. 어떠한 어려운 상황에서도 긍정적인 면을 보려고 노력하고, 감사하는 마음을 가지세요.

성적은 중요하지만, 그것이 행복을 결정짓는 유일한 기준은 아니죠. 행복은 각자의 가치와 목표에 따라 다르게 정의될 수 있으며, 성적 외에도 많은 요소가 우리의 행복에 영향을 미칩니다. 따라서 우리는 성적에 지나치게 집착하기보다는 자신에게 진정으로 중요한 것들을 발견하고, 이를 통해 행복을 찾기 위해 노력해야 하겠죠.

《세상에서 가장 행복한 100세 노인》(홍현숙 번역, 동양북스, 2021) 저자 에디 제이쿠는 이 책 마지막 부분에서 이런 말을 해요.

"텅 빈 들판일지라도, 내가 힘을 쏟아 씨앗을 뿌리고 물을 주면 머지않아 아름다운 정원이 될 수 있다. 인생이란 바로 그런 것이다. 당신이 무언가를 주어라. 그러면 되돌아올 것이다. 그렇지만 아무것도 주지 않으면, 아무것도 돌아오지 않는다. 당신의 정원에 꽃 한 송이를 피워라. 그것은 기적의 시작이다. 당신이 피운 꽃 한 송이는 그냥 꽃 한 송이가 아니다. 그것은 바로 드넓은 정원의 시작이다."

여러분은 자신의 아름다운 정원을 가꾸기 위해서 지금 교실이나 학원에 앉아서 공부하고 있는 거예요. 시험을 잘 보기 위해서 문제만 잘 풀어내는 기계가 되는 것이 아니라 여러분의 정원에 아름다운 꽃들로 채우기 위해 공부하는 것이죠.

🔦 미래 설계 활동 5-1

1 학창 시절에 공부해야 하는 가장 중요한 이유는 무엇일까요?

(   )

① 친구들과 경쟁하기 위해　　　② 선생님에게 감사하기 위해

③ 부모님의 기대를 깨우기 위해　　④ 자신의 미래를 준비하기 위해

2 공부를 통해 얻을 수 있는 중요한 능력은 무엇일까요?

(   )

① 단순히 기억하는 능력　　　② 감정을 치료하는 능력

③ 지루함을 참을 수 있는 능력　　④ 비판적 사고와 문제해결 능력

3 학창 시절 공부를 하지 않을 때 있을 수 있는 결과는 무엇일까요?

(   )

① 삶에 큰 영향이 없습니다.

② 나중에 더 많은 노력을 기울일 수 있습니다.

③ 다른 사람들에게 더 많은 존경을 받을 수 있습니다.

④ 공부를 안 한 만큼 더 많은 자유를 즐길 수 있습니다.

4 자신의 미래에 도움이 될 수 있는 공부나 학습활동은 어떤 것이 있을지 적어 봐요.

[예시 답] 컴퓨터 프로그래밍이나 외국어와 같은 실용적인 기술을 배우는 것이다. 이러한 기술은 다양한 분야에서 유용하게 쓰일 수 있을 것이다.

(나의 대답은)

중학교 시기의 독서와 공부 습관이 대학을 결정한다

중학교는 기본적인 학업 능력을 키우기에 가장 좋은 시기예요. 이 기간에 학습한 지식과 습관은 고등학교 공부의 기초가 됩니다. 많은 학생이 중학교 때는 좀 놀고 고등학교 올라가서 열심히 할 것이라고 말해요. 정말 그럴까요. 전혀 그런 일은 일어나지 않아요. 중학교부터 체계적으로 학습 습관을 관리해야 해요. 예를 들어, 중학교 수학을 잘 이해하면 고등학교 수학을 훨씬 더 쉽게 다가갈 수 있어요. 반대로, 중학교에서 기본 개념을 익히는 데 어려움을 겪는다면 고등학교에서는 심각한 어려움에 직면할 가능성이 높다는 얘기죠.

수학 과목이 중학교 시기에 기초가 탄탄하게 잡혀 있다면 고등학교에서 고급 수학 과정을 자신 있게 학습할 수 있게 되고, 희망하는 대학으로 진학을 순조롭게 할 수 있게 되겠죠. 선생님도 수학이 가장 어려웠던 것 같아요. 고등학교 2학년 때까지는 그런대로 교과서 진도에 맞게 따라갔는데 2학년 2학기부터 한계에 부딪히는 거예요. 선생님보다 조금 공부 잘한 친구는 월등히 앞서가는데 나는 뒤처지는 기분이었죠. 그 한계를 넘지 못하니까 대입고사에서 성적이 제대로 나올 수가 없었겠죠. 고등학교 공부는 어려워요. 그래서 중학교에서의 학습 과정이 중요하다고 말하는 것이지요. 중학교 성적은 고등학교뿐만 아니라 대학 및 취업을 결정하는 데 중요한 디딤돌 역할을 한다는 사실이죠.

많은 학생이 공부하는 만큼 성적이 나오지 않아서 고민인 경우가 많아요. 시험을 보기 위한 공부를 하기 때문이에요. 선생님은 공부가 되지 않는다면 독서부터 하라고 안내하고 있어요. 상급학교 진학뿐만 아니라 자신이 원하는 곳에 취업하기 위해서는 독서 활동이 꼭 필요해요.

책 읽기 능력과 학습 능력은 서로 밀접하게 연결되어 있어요. 책 읽기 능력이란 책 속의 문장을 읽고 이해하는 능력을 말하며, 학습 능력은 그러한 지식을 습득하고 이해하는 데 있어요. 이 두 능력은 서로 연결되어 있으며 서로 긍정적인 영향을 줍니다. 독서 능력이 뛰어난 사람은 학습 과정에서 더욱 효과적으로 정보를 습득하고 정리할 수 있어요. 또한 교과서나 참고 자료 등 다양한 학습자료를 읽고 해석하는 데 도움이 되죠. 실제로 대학수학능력고사에서 높은 점수를 받은 학생들이 인터뷰에서 자신들의 독서 습관이 큰 도움이 되었다고 언급하는 것을 볼 수 있어요. 뛰어난 학습 능력이 있는 사람들은 책을 통해 새로운 지식을 습득하고 이해하는 능력이 강화되며, 이는 책에서 얻은 지식을 효과적으로 활용하는 능력으로 이어진답니다. 즉, 책 읽기 능력이 좋아지면 학습 능력도 향상되고, 학습 능력이 좋아지면 긍정적인 효과도 볼 수 있는거죠. 이러한 상호작용은 청소년기에 책을 많이 읽는 것이 중요하다고 강조하는 주된 이유 중 하나예요.

책을 자주 읽는 사람은 어휘력이 향상된다는 점을 많이 들어서 알고 있을 거예요. 어휘력이 높아지면서 더 많은 단어를 알게 되면 그 의미를 정확하게 이해하고, 문장이나 글의 전체적인 맥락을 빠르고 쉽게 파악할 수 있죠. 이러한 능력은 정보를 핵심까지 파고들어 요약하는 데에도 도움이 되며, 이는 곧 공부와도 밀접하게 연결되는 거예요. 즉 책 읽는 능력이 바로 학습 능력이라고 볼 수 있죠.

책을 선택할 때는 자신의 수준과 나이, 이해력에 맞는 책을 고르는 것이 중요해요. 자신에게 맞지 않는 어려운 책을 읽으면 이해가 되지 않아 독서의 즐거움을 느끼기 어려워지죠. 중요한 것은 어떤 책을 읽느냐보다, 그 책에 얼마나 몰입하여 깊이 있게 읽느냐랍니다.

만약 공부를 아무리 열심히 해도 성적이 잘 나오지 않는다면, 공부 방법을 점검해 볼 필요가 있어요. 하지만 그보다 먼저, 매일 일정한 시간을 정해 책 읽는 습관을 기르는 것이 중요해요. 책을 읽는 것이 공부와 어떻게 연결되는지 깨닫는 데는 시간이 조금 걸릴 수도 있지만, 이 과정을 통해 얻을 수 있는 이득은 막대하죠.

　청소년기를 넘어서도 계속 성장하고 싶다면, 독서가 학습에 미치는 영향력이 얼마나 큰지 알아야 합니다. 이야기처럼 책을 통해 새로운 세계를 탐험하고, 지식의 보물을 발견하는 여정은 단순히 학문적인 성장을 넘어서 개인의 발전에도 큰 역할을 해요. 책 속에서 발견하는 지혜와 모험은 우리의 삶을 풍부하게 만들고, 공부하는 방식에도 긍정적인 변화를 가져오게 되죠. 따라서, 성적이 고민이라면 책장을 열고 새롭게 시작해 보세요. 이야기의 힘으로 무장한 당신은 어떤 학문적 도전도 즐겁게 맞이할 준비가 되어있을 거예요.

　친구는 되는데 나만 왜 안 될까 하며 의심하여 포기하는 순간 평생 아무것도 이룰 수 없게 됩니다. 변화할 수 있다는 믿음을 가지고 책 읽기에 도전해야 하는 것이죠. 책 읽는 방법은 개개인별로 다를 수 있어요. 나만의 독서 시간, 독서 방법을 만들어 가면서 읽는 것이 효과적인 방법이죠.

　책을 많이 읽는 친구의 성적이 지금은 낮아도 몇 년 후에는 자신보다 더 성장하는 모습을 보게 될 거예요. 책 속에서 재미를 느끼고 책 속으로 빠져들다 보면 자연스레 성적도 향상된다는 것을 잊지 말아야 합니다.

공부 습관을 어떻게 만들어야 할지 고민이라면

목표를 설정한다.	공부할 때 목표를 설정하여 동기를 부여하고, 학습의 방향성을 찾는다.
계획을 수립한다.	공부 목표를 달성하기 위한 단계별 계획을 작성하고 일정을 관리한다.
공부 시간을 정한다.	공부하는 시간을 정해놓고 일정한 학습 습관을 만들어 관리한다.
노트를 정리한다.	수업 시간이나 공부할 때 중요한 것을 정리하고, 체계적으로 관리한다.
과목별로 구분하기	일주일 동안 과목별로 분산하여 체계적으로 공부 계획을 세운다.
작은 목표부터 실천한다.	미래의 큰 목표를 이루기 위해 작은 목표를 세워 달성하며 성취감을 느끼는 과정이 필요하다.
친구와 함께하기	혼자 하는 것보다 친구와 함께 공부할 때 시너지 효과를 얻을 수 있다.
질문하기	공부하면서 궁금한 것은 수시로 선생님이나 친구들에게 질문한다.
예습과 복습하기	예습도 중요하고 복습은 더 중요하다. 시험 보기까지 최소한 4번은 복습한다.
하루 일과 균형 있게	공부만 할 수 없다. 체력도 키워야 하고 관계도 맺어야 한다. 하루 24시간을 적절하게 균형 있게 구성하여 피곤함이 없는 생활이 되어야 한다.
읽기 습관을 갖는다	다양한 분야의 책을 읽어 지식을 확장하고, 매일 조금씩이라도 읽는 습관을 갖는다.
시간을 관리한다	시간을 효율적으로 관리하며, 공부 시간과 여가 시간을 적절하게 배분한다.
학습 방법을 찾는다	여러 학습 방법을 찾아보고 자신에게 맞는 최적의 학습 방법을 찾는다.
실패해도 포기하지 않는다.	공부한 만큼 성적이 안 나와도 실망하지 않고 자신의 학습법을 꾸준히 유지하며 성실하게 공부한다.
꾸준히 노력한다.	올바른 자신만의 학습 습관을 유지하기 위해서는 꾸준한 노력만이 답이다. 시간을 정해서 반복적으로 학습하면서 습관으로 정착시켜야 한다.

🔦 미래 설계 활동 5-2

1 중학교 시기에 공부의 습관을 기르는 것이 왜 중요할까요?

( )

① 숙제를 피할 수 있게 해주니까

② 선생님과 부모님을 기쁘게 해주기 때문에

③ 좋은 성적을 받을 수 있는 유일한 방법이니까

④ 미래의 학문적 성공을 위한 기반을 구축하기 때문에.

2 매일 꾸준히 독서하면 장기적으로 어떤 이점이 있을까요?

( )

① 학교가 더 즐거워집니다.

② 대학 진학을 보장합니다.

③ 어휘력과 이해력이 향상됩니다.

④ 집안일에서 벗어나는 데 도움이 됩니다.

3 중학교 때 키운 공부 습관이 대학 진학 가능성에 어떤 영향을 미칠 수 있는지 설명하세요.

[예시 답] 규칙적인 공부, 효율적인 시간 관리, 목표 설정 등 좋은 습관은 학생들이 더 높은 성적을 달성하고, 내용을 더 깊이 이해하며, 표준화된 시험에서 더 나은 성적을 내는 데 도움이 된다.

(나의 대답은)

4 중학교 때 규칙적인 독서 일정을 만드는 것이 왜 중요하며, 그것이 미래에 어떤 유익을 줄 수 있는지 본인의 생각을 정리해 보세요.

[예시 답] 규칙적인 독서 습관을 만드는 건 어휘력, 이해력, 비판적 사고능력을 향상하는 데에 도움이 되기 때문에 중요하다. 대학교 입학 수능 고사에 문제 풀이하는 데 도움이 된다.

(나의 대답은)

03

장래 꿈을 이루기 위한
공부를 해라

매년 3월이면 중학교에 신입생이 들어오죠. 진로 수업 첫 시간에
이런 질문을 해요.

"너희들은 어떤 사람이 되고 싶니?"
"어느 고등학교 가고 싶니?"
"가고 싶은 대학은 어디니?"

중학교 때부터 꿈이 무엇인지, 왜 공부를 해야 하는지에 대해 먼
저 정확하게 알고 넘어가야 해요. 동기가 없으면 공부에 재미를 느
끼지 못해서 스스로 학습하는 것이 여간 힘든 것이 아니에요. 그렇
기에 여러분은 **"왜 공부를 해야 하는가?"**에 대한 답을 스스로 찾으려고

노력해야 해요. 중학교 1학년 시기에 이 질문에 대한 답을 찾아야지 2학년 3학년 올라가서 관련 고등학교 진학을 준비할 수 있겠죠.

초등학교 때부터 부모님이 보내는 학원에 기계적으로 공부하러 다닌 학생들이 많을 거예요. 이렇게 수동적으로 공부하니 앞쪽이 질문을 하면 대답하지 못하는 거겠죠. 어느 대학, 어느 고등학교에 가야겠다는 막연한 목표 의식으로는 눈앞의 해야 할 과제들을 하게 만드는 데는 역부족이에요. 꿈과 이상은 크지만, 당장 수학에 나오는 함수와 싸워야 하고, 영어 단어는 지겹도록 외워야 하죠.

여러분은 대학이나 고등학교 진학을 위해 공부하는 사람이 되어서는 안 되어요. 장래 꿈을 이루기 위한 공부 습관을 갖는 것이 무엇보다 중요하죠. 예를 들어, 교사가 되고 싶다면 초등학교 교사인지 중등학교 교사인지부터 파악해야 해요. 그리고 관련 학과로 대학을 진학하기 위해서는 그 대학의 입시 정보를 숙지하고 준비해 나가야 해요. 임용고시를 보고 2, 3차 면접과 수업 시연이라는 것도 있는데, 이런 것은 어떻게 해야 하는지도 미리 파악해 두면 교사가 되는 데 도움이 되겠죠.

여러분이 목표를 이루기 위해서는 현실적인 가능성을 확인해야 해요. 중등학교 교사가 되고 싶다면 고등학교에서 어느 정도의 내신 성적을 유지할 수 있는지 현실적으로 파악해야죠. 중학교 1학년 수업에서 교사를 하고 싶다는 아이가 있어서 교사 경로를 자세히 설명해 주고 내신 성적이 어느 정도 되어야 하는지도 알려줬더니 바로 교사

말고 다른 직업을 해야겠다고 하더라고요. 이런 태도는 바람직스럽지 않아요. 너무 빨리 현실적으로 교사가 될 수 있는 가능성을 포기한 거예요. 그래도 깊이 있게 생각해 보고 고등학교까지는 준비해야죠. 스스로 학습계획도 세우며 교사가 되는 방법에 대해 깊이 고민하고 준비해야 하는 거예요.

박의석 작가가 쓴《자기주도학습 솔루션 매뉴얼》(지상사 펴냄)에는 이런 글이 있어요.

"한 기관의 설문 조사에 의하면 보통의 사람은 태어나서 죽을 때까지 자신이 지닌 능력의 3% 정도만 쓴다고 한다. 나머지 97%는 있는지 없는지도 모르고 죽는다는 것이다. 보통 사람보다 1% 정도를 더 써서 4%를 쓰면 성공했다고 하고, 그보다 1%를 더 써서 5%를 쓰면 천재라고 부른다. 그런데 성공한 사람들과 천재라 불리는 사람들이 더 사용하는 1~2%의 능력은 새롭게 주어진 것이 아니다. 97%의 잠재된 능력 중에서 1~2%를 발견했을 뿐이다. 빙산에 비유하면 수면 위로 드러난 부분이 3% 보이는 능력에 해당하고, 바닷속에 있어서 보이지 않는 부분이 97%의 잠재 능력에 해당한다. 97%의 잠재 능력 중에서 1%만 발견해도 우리의 삶은 더 성공적으로 될 것이다."

중학교 성적이 상위권인 학생이 고등학교에 진학해서 하위권으로 떨어지는 일도 있고, 중학교 성적이 150명 중 100위권 이하였는데, 고등학교에 진학해서 전교 7위 이내로 졸업한 예도 있어요. 이 두 학생에게 어떤 일이 일어난 것일까요?

중학교에서 잘하던 공부가 고등학교에서 떨어진 이유는 뭘까요? 각자 다른 이유가 있겠지만 대부분 학생의 경우는 중학교에서 시험을 잘 보기 위한 기술만 배우고 진짜 공부를 하지 않았기 때문이에요. 중학교 3년 동안 시험을 잘 보는 방법만 터득했다는 의미죠. 자신의 공부 방법을 찾지 못하다 보니 고등학교에서 깊이 있는 자신의 스타일대로 공부할 수 없어서 성적이 떨어진 것이죠. 중학교 성적이 하위권이었는데 고등학교에 진학해서 상위권으로 오른 학생은 어떻게 공부한 것일까요? 공부하겠다는 동기부여가 있었겠죠. 그래서 공부 방법을 찾아봤을 것이고, 자신의 성향에 맞는 공부 방법을 찾아서 고등학교 3년 동안 체계적으로 학습하다 보니 성적이 상위권으로 치고 올라갔겠죠.

인간이 사용하지 않는 97%의 뇌를 1%라도 활성화해 보고 싶지 않은가요? 한 번 노력해 봐요. 그러면 지금과 다른 상황을 만들어 나갈 수 있을 거예요. 이 1%의 잠재력을 깨우는 방법 중에 가장 효과적인 것이 독서라고 하죠. 그냥 설렁설렁 읽는 독서가 아니라 꼭꼭 씹어서 음식을 먹듯이 정독해야 해요. 시험 기간에만 반짝하는 공부는 평생 살아가면서 아무 도움도 되지 않아요. 공부하는 목적이 명확하지 않기 때문이에요.

공부는 왜 하는가?

꿈은 무엇인가?

꿈과 공부의 상관관계는 무엇인가?

꿈을 이루기 위해 공부하는 것인가?

공부를 위해 꿈을 가져야 하는가?

공부는 어떻게 해야 하는가?

꿈을 이루기 위한 공부는 어떤 공부를 말하는가?

고등학교 올라가서 공부 잘하려면 중학교 때부터 체계적으로 학습 습관을 관리해야 해요. 그리고 더 중요한 것은 내가 어느 분야에서 일을 하고 싶은지를 찾아야 해요. 고등학교에 올라가서 찾는다거나 고등학교 가서 공부한다는 생각은 아예 하지 않는 것이 좋아요. 고등학교 가면 모든 학생이 더 열심히 공부하기 때문에 습관이 되어 있지 않으면 힘들어요. 가끔 고등학교 학생들을 보면 저녁 식사하고 자율학습을 하는데 도서관에서 공부하기보다는 운동장에서 축구하는 경우가 있어요. 밥 먹었으니 소화시키려고 하는 건데, 이렇게 운동하고 나서 자습실에 들어가서 공부가 잘될까요? 이런 활동도 습관이 되어야 하는 거예요. 고등학교 3년 동안 도서관에서 공부하기도 하고 자신만의 학습법으로 집에서 공부할 수도 있겠죠.

천재는 만들어진다고 해요. 아무 노력 없이 천재가 되지 않는다는 사실이죠. 공부하는 것이 시험 잘 보는 기술이 아니라, 성공을 위한 공부를 해야 하는 이유이기도 해요. 시험은 삶의 목적이 아니라 꿈을 이루기 위한 수단의 하나일 뿐이에요. 고등학교 3년 내내 도서관에서 살았던 학생처럼 공부해야 여러분의 꿈을 이룰 수 있을 거예요. 꿈을 가지는 것만큼 공부는 진화하게 됩니다.

필승 공부 비법을 알려 줄게요. 머리로 공부하지 말고 체력으로 공부하는 거예요. 공부를 잘하기 위해서 문제를 풀 때는 확실히 푸는 습관을 들여야 해요. 공부는 정신력 훈련이에요. 정신력이 약하면 공부력을 키우기 힘들죠. 꿈은 똑똑한 머리가 아니라 성실한 습관으로 이루어진다는 말이 있어요. 공부하는 습관이 몸에 배도록 노력해야 해요. 그래야 여러분이 원하는 성적도 얻을 수 있고 꿈도 이룰 수 있으니까요. 공부 잘하는 학생들은 돈을 많이 벌겠다는 외적 동기에 휘둘리지 않고 자기 안의 내재적 동기를 찾아내요. 이들은 어려운 문제라고 쉽게 포기하지 않고 오래도록 매달리면서 해결점을 찾으려고 해요. 쉬운 건 아무것도 없어요. 여러분 내면의 힘을 믿으며 도전을 멈추지 않으면서 모든 것에 의문을 던지고 노력하는 사람이 바로 공부를 잘하는 학생들인 거예요. 앞으로 여러분을 가로막고 있는 영원한 장애물은 없다고 생각하면서 주변을 살피며 새로운 것에 대한 호기심으로 정말 하고 싶을 정도로 가슴 뛰는 일을 찾아내야 해요. 이런 노력이 결국에는 여러분을 공부 잘하게 만들고 꿈을 이루게 만들어 줄 거예요.

🖋️ 미래 설계 활동 5-3

1 목표 설정이 학업에 어떻게 도움이 될까요?

(   )

① 공부가 재미있어집니다.

② 공부를 더 열심히 하게 됩니다.

③ 공부를 덜 할 수 있게 해줍니다.

④ 진행 상황을 측정하고 동기 부여하는 데 도움이 됩니다.

2 공부에서 호기심은 어떤 역할을 할까요?

(   )

① 학업 성취에는 중요하지 않습니다.

② 창의적인 주제에만 도움이 됩니다.

③ 그것은 당신의 주요 목표에서 당신을 산만하게 합니다.

④ 더 많은 질문을 하게 되고, 더 깊은 이해로 이어집니다.

3 공부하면서 어려움을 겪었을 때 이를 어떻게 극복했는지 서술해 봐요.

[예시 답] 잘 안 풀리는 문제는 학교 선생님에게 질문함으로써 어려움을 극복해 나갔다.

(나의 대답은)

4 학창 시절 하는 공부가 미래의 꿈을 준비하는 데 어떻게 도움이 된다고 생각하는지 본인의 생각을 적어 보아요.

[예시 답] 자신의 미래 포부와 일치하는 특정 과목이나 기술에 대해 학습함으로써 장기적으로 꿈을 이루는 기반이 된다.

(나의 대답은)

04

대학 진학,
독서와 글쓰기는 기본이다

아침에 일어나서 잠들기까지의 하루 일상을 생각해 보아요. 자동화 또는 인공지능의 도움을 받으면서 편리하게 생활하고 있음을 알 수 있죠. 2016년 알파고의 등장 이후 인공지능 시대에 살고 있어요. 인공지능은 인간처럼 생각하고 학습하는 컴퓨터 프로그램이에요. 여러분이 사용하는 스마트폰, 컴퓨터, 심지어 게임기에도 인공지능이 들어있어요. 인공지능은 사람보다 더 빠르고 정확하게 정보를 처리할 수 있어서 우리의 삶을 더욱 편리하게 만들어 주고 있어요.

하지만 인공지능이 모든 일을 다할 수 있는 것은 아니에요. 인공지능이 아무리 똑똑해도 인간의 창의력과 감성적인 영역들을 대체할 수는 없어요. 인공지능은 책 속의 문장들을 요약해서 정리할 수는 있지만, 그 책을 쓰거나 감동적인 시를 지을 수는 없죠. 그래서 우리는 이 시대에도 여전히 중요한 능력들을 키워야 하는 것이죠. 그중에서도 특히 독서와 글쓰기 능력이 중요해요.

중학교 2학년인 꿈달이는 미래에 어떤 일을 해야 할지 항상 많은 꿈과 고민 속에서 하루하루를 보내고 있었어요. 학업과 친구 관계, 그리고 앞으로 진로까지 생각해야 할 것들이 많았어요. 매일 매일 뭔가를 하지만 불확실한 미래에 대한 두려움이 꿈달이를 괴롭혔죠. 그러던 어느 날 진로진학 상담 선생님과 상담하게 됐어요. 꿈달이의 고민을 들은 선생님은 "독서와 글쓰기를 통해 너의 꿈을 찾아보는 것이 어떻겠니?"라고 말씀하셨어요. 진로 체험도 해 보고 자유학기에서 하고 싶은 체험을 했지만 미래의 길이 보이지 않았는데, 상담을 통해 독서를 통해서 찾아봐야겠다고 마음먹고 진로 탐색의 새로운 길을 찾기 시작했어요.

꿈달이는 평소 책을 읽지 않았기 때문에 어렸을 때 읽었던 동화책이 아닌 과학자들의 이야기를 담은 위인전을 중심으로 읽기 시작했어요. 책 속에는 에디슨, 아인슈타인, 그리고 최근의 많은 과학자의 이야기들이 흥미롭게 펼쳐져 있는 거예요. 그들은 자신만의 방법으로 꿈을 이룬 사람들이었어요. 에디슨은 어려서부터 도서관에서 책을 많이 읽는 독서광이었고, 그 활동 속에서 발명 관련 아이디어들을 얻게 되었다고 하죠. 또한 전구를 발명하기까지의 끊임없는 실패와 도전의 과정은 꿈달이에게 커다란 용기를 줬어요.

과학자들의 이야기를 읽으면서 꿈달이는 점점 과학에 대한 흥미를 느끼기 시작했고, "나도 언젠가는 저렇게 훌륭한 발명가가 될 수 있을까?"라는 생각이 들게 되었어요. 그렇게 꿈달이는 어려서부터 생각해 왔던 과학자의 꿈을 구체화하기 시작했어요. 과학자들의 책을 읽으면서 중요한 문장들은 노트에 정리했어요. 독서 일기를 작성하면서 과학자들의 이야기를 통해 자신의 생각들을 정리해 보는 시간도 갖게 됐죠. 꿈달이는 중학교 2학년 때 읽기 시작한 독서와 글쓰기를 통해서 과학고등학교나 과학 중점학교에 진학하는 걸로 결정했어요.

책을 읽는 활동은 단순하게 재미를 얻기 위한 것이 아니에요. 지식을 얻을 수도 있고, 다른 생각들을 이해할 수도 있죠. 또한 상상력과 창의력을 키울 수도 있어요. 책을 읽고 필사하고 느낀 점을 적으면서 인간만이 가진 특별한 능력을 더욱더 발전시킬 수 있어요. 이 능력이야말로 인공지능이 따라 할 수 없는 인간만이 가지고 있는 아주 특별한 능력이라고 할 수 있죠. 독서만큼 중요한 것이 글쓰기 능력이에요. 글쓰기는 자기 생각을 정리하고 표현하는 능력을 말해요. 글을 꾸준하게 쓰면 자기 생각을 정리하고 논리적으로 표현하게 됩니다. 이는 학업뿐만 아니라 일상생활 속에서도 중요한 활동이죠.

글쓰기는 창의력과 표현력을 키워주기도 합니다. 예를 들어, 이야기를 쓰거나 시를 지을 때 상상력을 발휘하여 새로운 세상을 만들어 내기도 하죠. 글은 사람과 소통할 수도 있어요. 자신의 감정을 글로 표현함으로써, 주변 사람들과 더 나은 관계를 형성하기도 하고 다른 사람의 생각들을 이해할 수 있는 계기가 되죠.

대입에서 학생부 종합전형을 준비한다면 독서 활동은 반드시 해야 해요. 왜냐하면 대학에서 학생을 선발할 때 높게 평가하는 항목이 자기 주도성, 적극성, 학업 역량, 전공 적합성, 인성인데, 이런 평가 활동을 모두 갖춘 활동이 독서 활동이라고 할 수 있기 때문이에요. 책을 읽는 행위는 기본적으로 지적 호기심과 탐구심이 있어야 가능해요. 책을 많이 읽을수록 기본적인 어휘력과 문해력이 상승하고 생각의 깊이도 달라지고 사고의 폭이 확장되죠. 여러분의 진로가 정해졌다면 자신의 진로 또는 전공과 관련한 책을 읽으면서 진로 방향을 더욱 확고하게 정할 수 있어요. 진로가 정해지지 않았다면 다양한 독서를 통해서 자신의 진로를 조금씩 찾아갈 수 있을 거예요.

대입에서 독서 활동이 도움이 되는 이유는 여러 가지가 있겠지만 몇 가지만 살펴볼게요. 대학은 독서로 사고력을 키운 학생을 높이 평가해요. 주요 대학에서 독서는 중요한 평가 요소라고 볼 수 있죠. 독서는 진로 탐색 및 진로 결정에 도움을 주기도 하죠. 다양하면서도 효율적인 간접 체험의 기회를 얻게 돼요. 학생부 종합전형에서 중요한 평가 요소는 학업 역량과 전공 적합성인데, 이러한 역량을 보여주는 힘이 생기죠. 중고등학교의 독서 활동은 다양한 비교과 및 교과 활동을 풍성하게 해주어요. 또 입시에서 면접 볼 때 자신감 있게 자신의 가치관과 독서 관련 질문에 대답할 수 있게 해주고요.

독서와 글쓰기가 갖춰지지 않은 사람들은 고등학교, 대학교 진학이나 취업하기가 어렵겠죠. 그래서 중학교 시기부터 독서 습관과 자기 생각을 정리할 줄 아는 글 쓰는 습관을 갖춰야 해요. 논술학원에 비싼 등록금을 내고 다니는 친구들이 많아요. 논술학원만 다닌다고 자기소개서를 잘 쓸까요? 절대 아니에요. 매일 책을 읽고 읽은 내용을 정리하고 자기 생각을 표현하는 훈련을 1년 이상 하게 되면 누구나 논리적으로 자기 생각으로 자기소개서에 표현할 수 있게 되죠. 처음에는 어려울 수 있지만, 꾸준히 노력하면 점점 더 잘할 수 있을 거예요.

인공지능 시대에도 독서와 글쓰기 능력을 통해 여러분의 미래를 밝게 만들어봐요.

🔦 미래 설계 활동 5-4

1 내가 진학하고 싶은 대학교 5곳을 선정하고 그 이유를 간단히 적어 보자.

연번	대학명	선택 이유
1		
2		
3		
4		
5		

2 자신만의 독서 방법을 개발하는 것이 왜 중요한가요?
  (   )

① 어려운 자료를 읽지 않으려면

② 다른 사람의 독서 습관을 모방하기 위해

③ 내용을 이해하지 못한 채 더 빨리 읽어 시간을 절약하기 위해

④ 개인 학습 스타일에 더 잘 맞도록 읽기 과정을 맞춤화하기 위해

05

나의 '거꾸로 자서전' 써 보기

저는 어릴 적부터 남을 돕는 사람이 되는 게 꿈이었어요. 쉰 살부터 시작한 커리어재단 연회가 올해로 벌써 열다섯 번째를 맞이하게 되어 매우 뿌듯해요. 커리어재단 연회는 매년 가을이 시작되는 9월 1일에 혼자 사시는 어르신, 소년 소녀 가장 분들을 초대해서 맛있는 음식을 대접해 드리는 행사예요. 올해는 특별히 지난해 가을 농업 신기술로 만들어진 사과와 배를 이용한 요리를 선보이게 되어서 더욱 의미가 있어요. 이런 행사를 진행하고 나면 주변에서 음식 재료비 예산이 많이 들지 않느냐고 걱정들을 하는데, 저는 제가 만든 요리들을 맛나게 먹는 모습 보는 것만으로도 행복하다고 말씀드립니다.

저는 쉰 살 때 제가 운영하는 식당에서 벌어들인 수익금으로 커리어재단을 설립했어요. 커리어재단은 셰프를 꿈꾸는 학생들에게 장

학금을 주기도 하고 어려운 이웃들을 위해 기부하기도 해요. 특히, 재능있는 셰프 지망생들을 후원해서 우리나라를 대표하는 요리사를 양성하기도 해요. 커리어재단 도움을 통해 신라호텔, 힐튼호텔, 조선호텔, 한국의 집 등에서 활동하는 요리사들을 배출해 왔어요.

40세 되던 해에 방송국에서 주관하는 〈최고의 셰프쇼〉에 출연하여 우승했어요. 우승 이후에 저는 이전보다 더욱 이름이 알려지면서 제가 운영하는 식당에는 손님들이 넘쳐났어요. 저만의 레시피로 만든 요리를 많은 사람에게 선보일 수 있게 되어서 저는 정말로 기뻤답니다. 다양한 종류의 요리가 있지만 그중 코스요리로는 중식을 제공합니다. 에피타이저로 소고기 버섯말이를 준비하고 본 요리로는 달걀볶음밥, 마지막 디저트로는 파인애플과 귤이 등장합니다.

30대에는 저만의 레시피를 개발하기 위해 고심하면서 요리 실력을 키우고자 애썼어요. 그리고 요리 경연대회 나가서 나만의 요리 실력을 뽐내기도 했어요. 저는 주로 중식 요리에 출전했어요. 어려서 아빠를 따라 중국에서 잠시 살게 되었는데, 중국 본토의 음식들을 맛나게 먹었던 기억들이 요리의 방향성을 잡는 데 도움이 되었어요. 요리 실력이 중국 본토의 맛이고 하기는 어렵지만, 우리나라 사람들이 중국에 가 않고도 제가 운영하는 식당에서 중국 요리를 마음껏 즐길 수 있도록 하고 싶었어요.

고등학교 때 특성화고등학교 조리학과를 졸업하고 G대학교 호텔조리학과에 입학합니다. 고등학교와 대학교에서 한식을 비롯하여 양식, 중식, 일식 등을 두루 섭렵하게 됩니다. 특히, 중화요리를 집중적으로 배우게 되었어요. 어린 시절 먹어봤던 중국 산동성 요리가 너무 맛있었기 때문이에요. 중국에서 살던 집 주변에 휘귀 레스토랑이 있었는데 그곳에 가족과 함께 맛나게 먹었던 기억이 나요. 중국 본토의 맛을 재현해 보고 싶은 것이 저의 꿈이었어요.

저는 어려서부터 요리에 관심이 많았어요. 친구들은 일반고나 특목고 등을 지원한다고 할 때 저는 집에서 가까운 D특성화고 푸드조리학과를 선택했어요. 요리하는데 대학교가 꼭 필요할 것 같지 않아서 일찍 배우고 싶다는 생각을 했었죠. 친구들은 대학 준비를 했지만, 저는 조리사의 꿈을 이루기 위해 열심히 배우고 자격증도 취득하게 됩니다. 이때부터 여러 가지 방법으로 조리하면서 나만의 레시피를 만들 수 있었어요.

중학교 때부터 요리사라는 꿈을 이루기 위해 공부하고 연구했던 것 같아요. 집에서 부모님이 일반고에 진학해서 대학교에 들어가길 희망하셨지만 제가 거꾸로 자서전을 작성해서 부모님을 설득하는 계기가 되었어요. 이렇게 작성해서 부모님에게 보여드렸더니 놀라시면서 나를 적극적으로 지원해 주셨어요.

보통 자서전은 태어나면서부터 죽을 때까지의 이야기를 순서대로 써요. 하지만 거꾸로 자서전은 앞에 예를 든 것처럼 90세나 70세부터 시작해서 거꾸로 내려오는 방식으로 쓰는 거예요. 이렇게 하면 꿈을 이루기 위해 각 나이대에 해야 할 일들을 더 쉽게 알 수 있죠.

예를 들어, 60대나 70대에 목표를 이루어서 행복하게 살고 싶다면, 중고등학교 시절, 대학교 시절, 20~30대 시절에 어떤 준비를 해야 하는지 구체적으로 알 수 있는 계기가 되는 것이죠.

중학생인 여러분도 이 방법을 사용해서 미래의 꿈을 계획해 볼 수 있어요. 거꾸로 자서전을 쓰면서 꿈꾸는 직업이나 목표를 이루기 위해 지금 무엇을 해야 할지 생각해 보는 거죠. 이렇게 하면 앞으로 진로 목표를 이루기 위해서 어떤 탐색 활동을 할 수 있는지를 알 수 있어요.

자아실현적 예언(Self-fulfilling prophecy)이라는 말이 있어요. "내가 무엇이 될 것인가"라고 예언하면 그 예언 때문에 이루어진다는 말이에요. 예언했기 때문에 그에 맞추려고 행동한다는 얘기죠. 여러분에게 거꾸로 자서전을 작성하는 것도 자아실현적 예언의 성격을 띠고 있어요. 미래 자서전을 쓰고 수정 보완해 가면서 자아실현적 예언을 더욱더 강화시킬 수 있다는 얘기예요. 스스로에 대한 기대가 여러분들을 계속 앞으로 나아가게 해줄 거예요.

거꾸로 자서전을 쓰는 것은 청소년들이 진로 목표를 명확히 하고 개인적인 성공을 예측해 보는 데 도움이 되기 때문에 매우 유익한 활동이라고 할 수 있어요. 이 활동은 학생들이 현실적인 진로 목표를 설정하고 그 목표에 맞춰서 진학과 공부 방법의 방향성을 알 수 있게 되죠. 본인의 미래에 성공한 모습을 바라보면서 학교생활에서 자신감과 자존감을 향상하는 데 도움이 되어요.

　꿈이 없는 청소년이든 꿈이 너무 많은 청소년이든 미래 자서전을 써 보는 활동만으로도 세상을 바라보는 관점도 변화하고 미래에 대해 도전하고 그 목표를 달성할 수 있는 방향성을 얻게 되겠죠. 진로 목표를 이루기 위해서는 학교 공부도 이기적으로 해야 해요. 거꾸로 자서전대로 살아가려면 내 할 일이 먼저예요. 공부와 독서 시간에는 모든 걸 거절해야 해요. 긍정적으로 거절하는 이유를 설명하고 계획 대로 실천해야 해요. 지금부터 여러분의 꿈을 재설정하고 자서전 작성부터 해 볼까요.

1 나의 거꾸로 자서전을 작성해 볼까요.

연령	주제(직업, 대학교 등)	활동 내용
80대 이후		
70대		
60대		
50대		
40대		
30대		
20대		
고등 학교		

PART 6

진로를 계획하고
실천하기

미래의 정답은
하나가 아니야

지훈이는 거꾸로 자서전까지 모두 작성하고 나서 천천히 읽어가면서 생각을 해봤어요. 중학교에 처음 입학했을 때는 보이지 않았던 미래가 이제는 서서히 보이기 시작하는 거예요. 다양한 프로그램에 참여하고 체험하면서 미래에 자신이 해야 할 일들이 많이 있다는 걸 알게 됐어요. "내가 사는 미래에는 중학교에 다니면서 인생에서 무엇을 하고 싶은지 알아내야 한다"는 압박감에서 이제는 벗어났어요. 미래에는 정답이 하나만 있는 것이 아니라 기회가 무궁무진하다는 것을 알게 된 거죠. 우리들의 삶은 여러 갈래의 방향으로 가득 차 있어요. 어느 길로 가야 할 것인가는 여러분의 선택이지만 각각의 선택에 집중하면서 그 속에서 자신의 삶을 설계하는 것이지요.

여행을 갈 때 목적지를 정해서 어떤 활동을 할 것인지 체계적으로 계획을 세울 수도 있지만, 일단 목적지만 정하고 현장에 도착해 다양하게 관광하고 탐험하면서 계획을 변경하며 다니는 여행도 최고의 모험이라고 할 수 있죠. 이런 여행이 오히려 기억에 오래 남아요.

다양한 주제를 탐구하고, 새로운 활동을 시도하고, 새로운 열정을 갖는 것은 살아가면서 매우 중요한 일이에요. 살다 보면 하고 싶은 것도 바뀔 수도 있고, 전혀 다른 방향으로 마음이 변할 수도 있어요. 그럴 때마다 두려워해서는 안 되겠죠. 어른들도 여전히 자신의 길을 찾고 있어요. 많은 사람이 직업을 바꾸거나 생활 속에서 새로운 취미 활동에 도전하기도 해요. 하나의 완벽한 계획을 갖고 이를 영원히 고수해야 한다는 생각은 할 필요가 없어요. 인생은 배우고, 성장하고, 새로운 상황과 도전하면서 적응하는 것이에요.

미래는 누구나 생각하는 큰 미스터리예요. 여러분도 10년, 20년 심지어는 50년 후의 삶이 어떤 모습일지 궁금할 거예요. 공상영화에서 보듯이 날아다니는 자동차가 있을까? 로봇이 우리의 모든 집안일을 하게 될까? 우리는 화성에서 살 수 있을 것인가? 사실 이러한 질문에 대한 정답은 없죠. 될 수도 있고 우리 상상 속에서만 존재할 수 있는 일들이죠. 미래는 우리가 내리는 선택과 우리가 발견하는 것에 따라 다양한 방향으로 나아가게 될 거예요.

일상적인 생활들은 우리의 미래에 영향을 미치는 선택을 하게 되죠. 생각해 봐요. 공부하기로 한 거, 축구하기로 한 거, 학교나 학원에서 사귀는 친구들, 오늘 읽은 책들이 모두 여러분의 미래를 결정하게 될 거예요. 국가나 사회적으로 봤을 때는 기술, 정치, 환경과 같은 문제들이 영향을 미치게 되겠죠. 예를 들어, 재생에너지 발전에 초점을 맞춘다면 우리의 미래에는 오염이 줄어들고 녹지 공간이 더 많아질 수 있겠죠. 우주 탐사에 투자하면 새 행성을 발견하거나 지구 너머에서 사는 방법을 발견할 수도 있어요.

기술은 미래의 변화를 이끄는 아주 큰 원동력 중 하나예요. 20년 전과 지금의 삶이 얼마나 달라졌는지 생각해 보세요. 스마트폰, 소셜 미디어, 스트리밍 서비스 등 다양한 기술들이 우리 앞에 있죠. 앞으로 기술은 우리가 상상조차 할 수 없는 방식으로 계속 발전할 거예요. 인공지능이 많은 일자리를 대신할 거라고 믿는 사람도 있고, 새로운 종류의 일자리를 창출할 걸로 생각하는 사람도 있어요. 어떤 사람들은 자율 주행 자동차가 어디든 있을 걸로 생각하는 반면, 다른 사람들은 하이퍼루프나 순간이동과 같은 새로운 여행 방법을 개발하는 데 중점을 두는 사람도 있겠죠.

우리의 미래를 결정하는 또 다른 주요 요인은 환경이에요. 기후 변화는 세계적으로 관심이 필요한 큰 문제죠. 이를 어떻게 해결하느냐에 따라 미래는 매우 다르게 변할 거예요. 온실가스를 줄이기 위해 세계는 강력한 조치를 한다면 극단적인 기상 현상이 줄어들고 더 건강한 지구를 볼 수 있을 거예요. 하지만 그렇지 않으면 미래에는 더 많은 자연재해, 식량 부족, 생물 멸종 등이 발생할 수 있어요.

환경 문제를 해결하기 위해 우리는 어떤 활동들을 해야 할까요.

여러분이 할 수 있는 일을 하면 되겠죠. 쓰레기 아무 곳에나 버리지 않기, 자연 훼손하지 않기 등 중학생으로 할 수 있는 일들이 무엇일지 생각해 보면 좋을 것 같아요.

사회와 문화도 끊임없이 발전하고 있어요. 지난 수십 년 동안 성별, 인종, 평등에 관한 생각이 어떻게 변했는지 살펴보세요. 앞으로는 사람들이 더욱 공정하고 포용적인 세상을 추구하면서 더 많은 변화를 기대할 수 있을 거예요. 우리나라도 다양한 민족과 문화들이 들어와 있어요. 우리가 계속해서 다양성을 수용하고 평등을 위해 노력한다면 미래는 모든 사람이 동일한 기회와 존중을 받는 곳이 될 수 있을 거예요. 그러나 이러한 문제를 해결하지 못한다면 미래는 더욱 분열되고 불평등해질 수도 있겠죠.

우리는 종종 기술이나 환경과 같은 큰 용어로 미래를 생각하지만, 개인적인 미래를 고려하는 것도 중요해요. 여러분의 미래는 아직 정해져 있지 않고, 선택할 수 있는 길은 많아요. 당신은 어떤 직업을 선택할 건가? 어디에서 살 건가? 여러분은 어떤 삶을 살고 싶은가요? 여러분이 내리는 선택과 추구하는 기회가 미래를 형성할 거예요. 이것은 원하는 미래를 창조하는 힘이 있다는 것을 의미하죠.

미래에 대해서는 정답이 없어서 유연하고 열린 마음을 갖는 것이 중요해요. 새롭게 변화하는 세상에 적응하고 새로운 것을 배울 준비를 해야죠. 미래 기술과 습득한 지식은 미래에 어떤 일이 일어나든 방향을 잡는 데 도움이 될 거예요. 예를 들어, 문제를 해결하는 방법,

비판적으로 생각하는 방법, 다른 사람과 협력하는 방법을 배우는 것은 무슨 일이 일어나더라도 가치 있는 것들이죠. 호기심을 가지고 다양성을 존중하면서 배우려는 노력이 새로운 기회를 열어줄 수 있을 거예요.

미래는 수많은 결과가 나올 수 있는 광대하고 예측할 수 없는 여행이기도 하죠. 그것이 어떤 모습일지에 대한 정답은 하나도 없으며, 그것이 바로 앞으로 펼쳐질 삶을 흥미롭게 만드는 이유일 거예요. 오늘 여러분이 선택한 행동은 분명히 미래에 완전히 예측할 수 없는 방식으로 나타날 거예요. 유연하고 개방적이며 적극적으로 행동함으로써 우리는 밝고 가능성이 가득한 미래를 만드는 데 도움을 줄 수 있다는 사실을 믿고 준비해야 해요. 그러므로 자신과 세상의 미래에 대해 생각할 때, 그것은 하나의 정답을 찾는 것이 아니라 앞에 놓여 있는 모든 가능성을 탐구하는 것임을 깨닫게 될 거예요.

1 '미래에는 정답이 하나만 있는 것이 아니다'라는 의미는 무엇일까요?

(   )

① 가능한 한 일찍 진로를 결정해야 합니다.

② 성공하려면 한 가지 진로를 고수해야 합니다.

③ 미래는 항상 불확실하므로 계획을 세울 필요가 없습니다.

④ 인생에서 선택할 수 있는 길은 다양하며, 다양한 옵션을 탐색해도 괜찮습니다.

2 다음 중 '미래가 직선이 아니다'라는 생각을 가장 잘 반영한 것은?

(   )

① 단 하나의 경력만이 성공으로 이어질 수 있습니다.

② 미래를 자세하게 계획하면 실수를 예방할 수 있습니다.

③ 모든 사람은 어릴 때부터 정해진 계획을 따라야 합니다.

④ 다양한 것을 시도하고 변화에 열려 있는 것이 중요합니다.

3 누군가 "인생은 배우고, 성장하고, 적응하는 것"이라고 말하는 것은 무엇을 의미할까요? (   )

① 목표를 설정한 후에는 절대로 변경해서는 안 됩니다.

② 미래를 시작하기 전에 학교에서 모든 걸 배워야 합니다.

③ 당신의 삶의 길은 정해져 있고 변화의 여지는 거의 없습니다.

④ 성공은 새로운 경험에 열려 있고 그로부터 배우는 것에서 비롯됩니다.

02

평생 행복할 수 있는
직업은 무엇일까?

선생님은 교사이면서 작가, 강연가로 활동하고 있어요. 진로 교사를 하면서 가장 보람을 느꼈던 것은 "선생님 덕분에 마이스터고등학교에 진학해 대기업에 취업할 수 있었어요. 제 꿈을 찾은 것 같아요"라고 제자들에게서 연락이 왔을 때인 것 같아요. 중학교 3년 동안 진로교육과 진로상담을 하면서 자신의 꿈을 설계한 대로 살아가는 제자들 보면 내가 진로 교사를 선택하길 잘했구나며 감동하게 되죠.

선생님처럼 보람을 느끼는 직업은 어떤 것들이 있을까요? 아마도 직업인들은 사회적 존재로서 자기의 역할과 책임을 바로 수행할 때 삶과 직업 활동에서 보람을 느끼며, 즐거움을 느낄 거예요. 즉 직업인은 사회인으로서 역할을 다했을 때 행복을 느낄 수 있겠죠.

한때 모든 걸 가졌다고 생각했던 한 남자가 있었어요. 이름은 철수였고, 큰 회사의 임원이었으며, 고급 자동차와 넓은 집, 그리고 많은 돈을 소유하고 있었어요. 그러나 그에게는 한 가지 큰 고민이 있었어요. 돈이 많고 부자라고 생각했지만 삶은 전혀 행복하지 않았다는 거예요.

철수는 어릴 적부터 열심히 일하며 돈을 모았어요. 그의 목표는 '부자가 되어 더 이상 돈 걱정 없이 사는 것'이었어요. 그러나 그가 원하는 만큼 돈을 벌었을 때, 전혀 행복하다는 생각이 들지 않았어요. 나이를 먹어서도 끊임없이 아침에 일어나서 출근하고 일을 하지만 항상 마음 한구석이 허전함을 느끼던 중이었지요. 그를 잠시 행복하게 만들어 주는 고급 시계와 옷, 여행 같은 것으로는 채워지지 않았던 거지요.

하루는 철수가 길을 걷다가 작은 공원에서 한 노인을 만났어요. 그 노인은 오래된 벤치에 앉아 하모니카를 불고 있었는데, 아주 행복해 보였어요. 철수는 그의 연주에 이끌려 노인에게 다가가서 물었어요. "저는 모든 걸 가졌지만, 여전히 불행합니다. 어떻게 하면 행복할 수 있을까요?"라고 했더니, 노인은 미소를 지으며 말해주었어요. "행복은 돈으로 살 수 있는 것이 아닙니다. 진정한 행복은 마음의 평화와 주변 사람들과의 관계에서 옵니다. 나는 많은 돈을 가지고 있지는 않지만, 매일 내가 좋아하는 음악을 연주하며 행복을 찾습니다."

철수는 노인의 말을 듣고 깊이 생각했어요. 그는 평생 돈에 너무 집착한 나머지 진정으로 중요한 것들을 놓치고 있었다는 것을 깨달은 것이죠. 앞으로라도 가족과 친구들과 더 많은 시간을 보내기로 결심했고, 좋아하는 취미를 찾기로 했어요. 철수는 주말마다 노인을 찾아가 함께 하모니카를 배우기 시작했죠. 그는 점점 음악의 즐거움을 느꼈고, 그 과정에서 마음의 평화를 찾을 수 있었어요. 돈은 여전히 그의 삶에 중요한 역할을 했지만, 이제는 그것이 그의 유일한 목표가 아니었죠. 가족과 친구들과의 관계를 소중히 여기며, 작은 것에서 행복을 찾기 시작한 거예요.

철수는 그렇게 돈이 행복의 전부가 아니라는 것을 나이가 들어서야 깨달았어요. 진정한 행복은 마음의 평화와 주변 사람들과의 사랑에서 온다는 것을 배우게 된 것이죠. 그는 더 이상 돈 때문에 불행하지 않았고, 오히려 자기 삶에서 진정한 의미를 찾았기 때문에 더욱 행복해하는 중이죠.

여러분은 평생 행복하게 일할 수 있는 직업이 뭐라고 생각해요. 백세시대에 정년 없이 할 수 있는 일들은 어떤 것들이 있을까요? 선생님은 진로 수업 시간에 항상 이렇게 말해요. 백 세까지 살면서 한 가지 직업에 전 인생을 걸지 말라고. 최소한 6~7개의 직업 활동은 해야 한다고. 그 일 속에서 행복을 찾는다면 더 좋겠죠.

많은 사람이 "어떤 직업을 가지면 평생 행복할 수 있을까?"라고 질문해요. 중학생 여러분도 이제 곧 진로를 고민하게 될 텐데, 이 질문은 아마 여러분에게도 중요한 주제가 될 거예요. 이 질문에 대한 정답은 없어요. 사람마다 그 의미를 다르게 해석할 수도 있죠. 하지만 이들의 이야기 속에서 행복한 직업을 찾는 데 도움 되는 공통점이 있어요.

첫째, **열정과 흥미**예요. 여러분이 좋아하고 열정을 느끼는 일을 찾는 것이죠. 어떤 일을 하든, 그것이 재미있고 흥미로워야 해요. 예를 들어, 그림 그리기를 좋아하는 사람은 화가가 되거나 디자인 관련 직업을 선택할 수 있죠. 컴퓨터 게임을 좋아하는 사람은 게임 개발자가 될 수도 있습니다. 자신이 좋아하는 일을 직업으로 삼으면, 그 일을 할 때 더 행복할 수 있습니다.

둘째, **일을 통해 의미와 보람을 찾는 거**예요. 남을 돕는 일을 좋아한다면, 의사나 간호사, 사회복지사 같은 직업이 좋을 수 있습니다. 환경 보호에 관심이 많다면, 환경 운동가나 연구자가 될 수 있겠죠. 자신이 하는 일이 세상에 긍정적인 영향을 미친다고 느낄 때, 그 일은 여러분에게 큰 만족감을 주고 보람을 느끼며 삶을 즐길 수 있겠죠.

셋째, **일과 생활의 균형**입니다. 아무리 좋아하는 일이라도 일만 하다 보면 금방 지칠 수 있습니다. 그래서 일과 여가 시간의 균형을 잘 맞추는 것이 중요합니다. 친구들과 놀고, 가족과 시간을 보내고, 취미 생활을 할 수 있는 여유가 있는 직업이 좋습니다. 이 균형이 잘 맞으면, 직업뿐만 아니라 전체적인 삶의 질도 높아집니다.

넷째, **성장과 도전을 느낄 수 있는 직업**이 좋습니다. 여러분이 어떤 직업을 선택하든, 그 일을 통해 계속 배우고 성장할 수 있어야 합니다.

새로운 도전을 받아들이고, 그 과정에서 자신이 발전하는 것을 느낄 때, 직업에서 오는 행복은 더욱 커질 것입니다.

평생 행복할 수 있는 직업은 여러분이 좋아하고, 의미를 느끼며, 균형 잡힌 생활을 유지하면서 성장할 수 있는 직업입니다. 모든 사람이 다르겠죠? 여러분 각자가 어떤 일을 좋아하고, 어떤 일에서 보람을 느끼는지 스스로 생각해 보는 것이 중요합니다. 그리고 그 답을 찾기 위해 다양한 경험을 해 보는 것도 좋습니다.

여러분이 어떤 길을 선택하든, 그 길에서 행복을 찾기를 바랍니다. 행복한 직업을 찾는 과정에서 중요한 것은 바로 여러분 자신의 마음을 따르는 것입니다. 여러분은 지금 어떤 꿈을 꾸고 있을까요?

꿈을 이룬 직업인의 공통점

1	언제 머물고 언제 떠날지 알고 있다.
2	타인이 요청한 것 이상의 결과를 낸다.
3	실패를 두려워하지 않고 결국은 성공에 도달한다.
4	스스로 행운을 만들 줄 안다.
5	자신이 성취할 수 있는 목표를 수립한다.
6	자기 행동에 스스로 책임을 진다.
7	변화를 스스로 주도한다.
8	시장의 변화에 적응한다.
9	이야기를 효과적으로 풀어내고 소통한다.
10	올바른 답을 도출하기 위하여 올바른 질문을 던진다.
11	편안한 환경을 벗어나 불편한 생활에서 배운다.
12	자신이 세상에서 어느 위치에 있으며, 어떠한 성격의 사람인지 알고 있다.
13	돈을 지불하는 것 이상의 것을 배운다.
14	소비하기보다는 창조한다.

_출처: 댄 쇼벨(Dan Schawbel)

1 직업인들이 가치에 맞는 직업을 선택하는 데에는 어떤 중요한 이유가 있을까
   요? (   )

① 신속한 승진이 보장됩니다.

② 추가적인 교육이나 훈련이 필요하지 않습니다.

③ 직업인은 확실히 더 많은 돈을 벌 수 있을 것입니다.

④ 직업인은 더 큰 성취감과 동기를 느낄 가능성이 높습니다.

2 평생 행복하게 할 것 같은 직업은 어떤 것인지 상상해서 적어봐요.

[예시 답] 평생 행복하게 해줄 직업은 교사가 되는 것이다. 나는 배운 걸 남들에게 알려주는 것
을 좋아한다. 그리고 친구의 고민을 해결해 주는 역할도 하기 때문에 교사는 나를 평생 행복하
게 해줄 것이다.

(나의 답)

03
내 삶의 방식은
내가 정해보자

"생각이 말이 되고, 말이 행동이 되고, 행동이 습관이 되고, 습관이 성격이 되고, 성격이 운명이 되어 당신의 삶을 결정짓는다"라는 말이 있어요. 여러분의 운명은 스스로 만들어 갈 수 있다는 아주 긍정적인 믿음입니다. 영국의 시인 윌리엄 헨리는 "나는 내 운명의 주인이요. 내 영혼의 선장이다"라는 말을 남겼어요. 선생님은 30대 중반에 선배 교사로부터 이 말을 들으면서 깊이 깨닫게 되었어요. 방향성 없이 직장생활을 했는데 선배님의 한마디가 잠자고 있던 나의 심장을 자극한 거예요. 평소 주변 사람들 눈치 보기도 하고 과감하게 나서지 못하고 쭈뼛쭈뼛 멈칫하면서 행동하고 적극적으로 참여하지 못하고 선택하는 데 어려움을 겪던 내가 변하기 시작했어요. '내 삶을 내가 스스로 만들어 보자'라고 생각하게 되면서 주관적으로 행동하기 시작했죠.

우리는 각자 다른 성격, 취향, 재능을 가지고 있어요. 하지만 가끔은 자신이 누구인지, 무엇을 좋아하는지 잘 모를 때가 많아요. 자신의 운명을 개척해 나가기 위해서는 '나 자신'을 구체적으로 아주 잘 아는 것이 중요하죠.

지은이는 초등학교 저학년까지 그림 그리기를 좋아했는데 고학년이 되고 중학생이 되면서 공부할 것이 많아져 한동안 그림을 그리지 못하게 됐어요. 그러다 보니 점점 더 지루해졌고 자신이 무언가 부족함을 느꼈어요. 1학기가 끝나고 여름 방학 하기 전에 담임 선생님과 상담하게 됐어요. 지금까지도 진로 목표를 세우지 못하고 방황하는 모습을 이야기했더니 선생님이 "지은아, 너 자신을 더 알아야 해, 네가 좋아하는 것을 찾아보고, 그걸 꾸준히 해 보는 거야"라고 말씀해 주시는 거예요. 방학 기간에 다시 그림을 그리기 시작했고, 3학년이 되면서 그림 실력이 월등히 좋아지면서 진로 목표가 생긴 거예요. 평소 대학에 가야 할지 특성화고등학교에 가야 할지 고민이 많았는데, 스스로 잘하는 것을 찾게 되면서 특성화고등학교에 진학해서 디자인을 배워보고 싶어진 거죠. 지금은 그림을 통해 내 감정도 표현해보고 스트레스도 풀면서 학업에 집중하고 있어요.

자신의 성향을 파악했다면 이제는 목표를 세워야죠. 목표가 없으면 어디로 가야 할지 모르게 되거든요. 예를 들어 대학교에 진학해서 미술학과를 전공하고 싶다는 목표를 세웠다면 그 목표를 이루기 위해 매일 그림 그리는 연습을 해야 하죠. 처음 시작은 힘들고 어렵겠지만 매일 꾸준히 연습하다 보면 조금씩 나아지는 자기 모습을 발견하면서 큰 보람을 느끼겠죠. 자신이 살아가면서 이루고 싶은 목표를 생각해 봐요. 목표가 크든 작든 상관없어요. 중요한 것은 그 목표를 향해 한 걸음씩 나아가는 거예요.

목표를 세웠다면 어떻게 이루어 낼 것인지 구체적으로 계획을 세워야 해요. 계획이 있어야 목표를 체계적으로 이룰 수 있어요. 대학교에서 미술을 전공하기 위해서 하루에 한 시간씩 그림 그리는 연습을 하고, 대학교 입시 정보도 자주 모니터링하면서 매일 매일 미술 공부를 하는 거예요. 목표를 세우고 실천 계획을 세웠다면 중도 포기 없이 꾸준히 해나가는 습관이 중요하죠. 매일 그림을 그리다 보면 친구와 놀아야 하고, 친구들과 영화도 봐야 할 일들이 생기죠. 또는 귀찮아질 때도 있죠. 이럴 때 포기하지 않고 계속해서 그림을 그려나가는 거예요. 포기하지 않은 활동으로 점점 더 실력이 늘었고 미술대회에서 상도 받으면서 대학교 진학을 쉽게 할 수 있는 계기가 만들어지는 것이죠.

세상을 살다 보면 좋은 일만 있지는 않아요. 교내 미술대회나 지역 대회에 출전했는데 상을 받지 못할 수도 있죠. 이럴 때마다 실망하기보다는 좋은 경험이라고 생각하고 꾸준히 도전하는 모습을 보여야 해요. 어느 상황에서도 실패에 대한 두려움 없이 전진할 줄 알아야 하죠. 그래서 100년 가까운 자신의 삶을 더 주체적으로 살아갈 수 있게 됩니다.

　마음을 다스리는 일은 훈련과 습관의 결과예요. 청소년 시기부터 마음을 잘 다스려야 해요. 어려운 일이지만 그렇지 못했을 적에는 주변 사람들의 말과 행동에 휘둘리게 되면서 자신의 정체성을 찾지 못하게 되죠. 마음을 잘 다스리려면 분명한 목적을 가지고 그 목적에 맞는 계획을 세우고 부지런히 실행하는 습관을 들여야 해요. 성공한 사람들을 살펴보면 그들이 분명히 목표를 달성하는 방향으로 마음이 움직이도록 다스렸음을 알 수 있죠. 자기 운명을 스스로 결정하고 추진해 나가는 마음의 자세와 이루려는 습관이 중요하다는 의미죠.

🖋 미래 설계 활동 6-3

1 "생각은 말이 되고, 말은 행동이 되고, 행동은 습관이 되고, 습관은 성격이 되고, 성격은 운명이 된다"는 속담의 주요 요점은 무엇일까요?

(   )

① 성공은 행운에 달려 있습니다.

② 운명은 여러분에게서 멀어졌습니다.

③ 삶은 여러분의 생각과 행동에 의해 결정됩니다.

④ 위 문장은 여러분에게 영향을 미치지 않습니다.

2 자신의 운명을 개척할 때 자신을 잘 아는 것이 중요한 이유는 뭘까요?

[예시 답] 자신을 잘 알면 자신의 인정, 관심 분야, 가치관을 이해하는 데 도움이 되므로, 의미 있는 목표를 설정하고 포함하여 전망할 수 있다.

(나의 생각은)

04

효과적으로
자기소개서 작성하기

자기소개서를 작성해야 하는 시기가 왔습니다. 더 좋은 자기소개서를 어떻게 작성해야 할지 고민이 많이 있죠. 여기저기 떠돌아다니는 자기소개서 작성 방법을 내 나름대로 정리해 봤습니다. 청소년 여러분에게 도움이 되길 바랍니다.

1. 지원하고자 하는 학교의 학과, 전공 그리고 교육과정을 꼼꼼하게 살펴라.

진학하고자 하는 학교의 학과에 대한 겉모습만 보지 말고 속속들이 살펴야 합니다. 그리고 자신의 미래 꿈과 연결할 줄 알아야 합니다. 자신이 이 학교의 이 학과를 선택한 이유를 잘 설명해야 합니다. 그러기 위해서는 학과, 전공 등에서 무얼 배우는지 살펴야겠죠.

2. 짧고 확실한 문장으로 작성하라.

여러 가지 글을 나열하다 보면 정작 읽는 사람은 어떤 내용인지 파악하기 힘듭니다. 짧고 간결하고 확실하게 전달할 내용으로 작성해야 합니다. 그리고 처음 시작했던 내용과 마무리하는 내용이 연결되게 작성해야 합니다.

3. 생활기록부에서 이야깃거리를 찾아라.

3년 동안 학교생활이 담긴 것이 생활기록부입니다. 3년간 학교생활을 충실하게 하고 이야깃거리를 많이 만들어야겠죠. 이 생활기록부 속에서 자신의 이야기를 만들어 가야 합니다.

4. "나"가 누구인지 확실하게 보여주는 글이 되게 하라.

자기소개서의 주인공은 "나 자신"이다. 학교 활동에서 어떤 역할을 했고, 꿈을 만들기 위해 어떤 노력을 했는지, 어떤 변화가 있었고 무얼 느꼈는지 등을 자기 입장에서 서술해야 합니다.

5. 자신의 성장 스토리를 구성하라.

꾸준하게 진로 목표를 설정하고 진로 로드맵을 작성하면서 자신이 어떤 노력을 해 왔는지 또는 관련 학문 분야에 관심을 가지고 어떤 준비를 해왔는지 등의 내용으로 구성되어야 합니다. 이야기가 중복되지 않게 작성해야 합니다.

다음은 대학교에서 제시한 자기소개서 작성 방법이에요.

첫째, 자신의 이야기를 쓰세요.

화려한 실적이나 우수한 활동 경험을 사례로 제시할 필요는 없습니다. 다른 사람에게 평범하게 보일지라도 자신에게 큰 의미를 주는 경험일 수 있습니다. 자신에게 의미 있는 활동 경험을 솔직하게 들려주세요. 솔직하고 담담하게 쓴 이야기가 평가자 마음을 움직입니다.

둘째, 결과보다 과정을 보여주세요.

좋은 결과로 이어진 성공 경험만을 제시할 필요는 없습니다. 입학사정관은 '어떤 결과를 얻었는가'보다 '어떻게 그러한 결과를 얻게 됐는가'에 주목합니다.

– 좋은 결과를 얻지 못했더라도 최선을 다한 경험이 있었는지,

– 어려움이 닥쳤을 때 어떤 태도와 마음가짐으로 극복했는지,

– 그런 경험을 통해 무엇을 느끼고 배웠는지 차분히 생각해 보세요.

셋째, 생활기록부에 있는 내용을 그대로 쓰지 마세요.

'과연 내 학교생활기록부에 적힌 내용을 다 읽을까?' 이런 걱정과 우려 때문에 학교생활기록부에 적힌 내용을 그대로 자기소개서에 옮기는 경우가 있습니다. 입학사정관은 제출 서류의 모든 부분을 정성껏 읽고 평가해요. 따라서 자기소개서에 학교생활기록부의 내용을

그대로 반복해서 적는 것은 자신의 장점과 특징을 보여주는 좋은 기회를 낭비하는 거예요. 자기소개서는 학교생활기록부에서 다 보여주지 못한 자기 모습을 구체적으로 표현하는 기회로 활용하세요.

넷째, 자기소개서 유의 사항을 반드시 지키세요.

K대학 자기소개서 양식에 자기소개서 유의 사항 12가지가 포함돼 있다는 사실을 알고 있나요? 자기소개서 작성 유의 사항에는 국문(한국어) 작성 원칙, 유사도 검색 여부, 0점 처리 사항 등 자기소개서 작성 시 반드시 확인해야 할 중요한 내용이 있습니다. 대학마다 세부 내용은 조금씩 다를 수 있으니, 자기소개서를 작성하기 전 반드시 지원 대학의 자기소개서 작성 유의 사항을 확인하세요.

다섯째, 눈에 띄게 쓰려고 하지 마세요.

단락별로 제목을 달거나 명언을 인용하거나 다양한 문장 부호를 활용하는 등 자기소개서를 눈에 띄게 작성할 필요는 없어요. 자기소개서는 어떤 형식으로 작성되었는가에 관계없이 내용이 중요합니다.

자기소개서를 쓰는 목적은 여러분이 누구인지, 어떤 흥미와 능력이 있는지, 학창 시절 어떤 활동을 했는지를 그리고 고등학교나 대학교에 진학해서 어떻게 공부할 것인지에 대해 명확하고 간결하게 작성하는 것입니다. 글을 쓸 때는 진정성 있게 표현하고 다른 사람들과 차별화될 수 있는 자신만의 강점을 어필해야 해요.

지연이의 자기소개를 볼게요.

저는 환경 과학 분야에 깊은 관심을 가지고 있어요. 산과 들이 있는 시골에서 자라면서 자연환경에 깊은 감사를 느끼며 자연이 인간에게 소중한 존재임을 알게 됐어요. 이 학과에 진학해서 지역주민들과 학교와 협력하여 환경을 함께 살아갈 수 있는 공동체 프로그램을 운영하는 것이 꿈이에요. 꾸준하게 배우면서 다양한 캠페인 활동을 할 것입니다.

이렇게 자신의 미래에 대한 포부까지 자신만의 가치관과 포부를 밝혀야 해요. 학교 생활기록부를 참고하여 스스로 자기소개서를 작성하는 연습을 꾸준히 해야 해요.

자기소개서 작성 시 유의 사항

– 독창성 있는 자기소개를 한다.
– 논리적인 문맥 연결에 신경 쓴다.
– 중복되는 말은 피한다.
– 맞춤법, 띄어쓰기에 유의한다.
– 표현에 일관성을 유지한다.
– 지망 분야에 따라 내용을 달리 작성한다.
– 자기 PR을 적극적으로 하되 과장하지 않는다.
– 충분한 시간을 갖고 미리 작성한다.
– 작성한 자기소개서는 컴퓨터에 저장해 둔다.
– 시각적인 효과를 부각한다.
– 입사 지원 동기를 구체적으로 밝힌다.

자기소개서에 포함해야 할 내용

자신의 장점과 단점
남들보다 뛰어나다고 생각하는 자신의 장점과 보완, 개선해야 할 단점의 내용 또는 자신의 장점을 발휘할 수 있었던 사례와 단점을 극복하기 위해 기울인 노력에 대한 내용

학업 이외의 활동
사회봉사 활동, 교내외 동아리 활동, 단체 활동, 취미 활동, 문화 활동에서 가장 소중했던 경험을 소개하고, 이러한 경험이 자신의 성장에 어떤 도움을 주었는지에 대한 내용

그 밖의 내용
• 자기 삶에 영향을 미친 가장 중요한 사건이나 경험
• 고등학교 시절 가장 큰 위기나 좌절
• 고등학교 시절 자신이 가장 관심을 기울였던 사회 문제
• 가장 감명 깊게 읽은 책
• 고등학교 시절의 지적 성취 경험

🔦 미래 설계 활동 6-4

1 자기소개서를 작성해 봅시다.

> 내가 원하는 고등학교에 진학하기 위하여 나를 소개하는 글을 적어 보자.
> (200글자)

> 고등학교 졸업 후 나의 진로 경로를 소개해 보자.

나의 강점과 약점을 분석하여 면접관에게 자신을 소개하는 글을 작성해 보자.

05

기업에서 요구하는
능력 파악하기

오늘날 빠르게 변화하는 취업 시장에서 기업이 요구하는 기술은 끊임없이 변화하고 있어요. 앞서 나가기 위해서는 중학교 학생들이 이러한 기술을 조기에 개발하기 시작하는 것이 중요해요. 기업이 추구하는 핵심 기술과 중학생이 준비하는 방법을 살펴볼게요.

첫째, **공감 능력과 감성지수**예요. 다른 사람의 감정을 이해하고 공유하는 것을 의미하는 공감은 직장과 가정 모두에서 매우 중요해요. 공감함으로써 주변 사람들을 더 잘 이해할 수 있어요. 이는 고객이 필요로 하는 것이 무엇인지, 다른 사람에게 동기를 부여하는 방법, 상호 이익을 창출하는 방법을 파악하는 데 도움이 되어요. 단지 아는 것과 그것을 진정으로 이해하는 것의 주요 차이점은 공감이에요.

실제로 다른 사람의 말을 듣는 연습을 하고, 그들의 관점에서 사물을 보려고 노력하고, 공감 능력을 키우기 위해 노력할 수 있어요.

둘째, **의사소통 능력**이에요. 회사에서는 신입사원을 뽑을 때 팀과 잘 어울리고, 다른 사람들과도 잘 협력할 수 있는 사람을 정말 좋아해요. 이는 첫 직장이든 수년 동안 일해왔든 그 점은 마찬가지예요. 완전히 혼자 일하는 사람은 거의 없고, 사람은 팀의 일원이라고 느낄 때 열심히 일하게 되죠. 아주 효율적으로 일할 수 있는 팀은 커뮤니케이션 능력이 뛰어나며, 목표를 공유하면서 때로는 유머 있는 대화를 나눌 수 있어요. 이는 서로를 신뢰하고 훌륭한 결과를 얻는 데 도움이 되어요.

셋째, **협상 능력**이에요. 협상 기술은 여러 방면에서 일에 도움 돼요. 고도의 협상 스킬로 분규를 해결하고 누구나 납득하는 결론을 이끌어 내는 사람도 있어요. 클라이언트나 업체와 정기적으로 협상하거나 동료들과 협의하거나 중요한 업무를 맡기 위해 상사와 협상하는 것이 있겠어요.

넷째, **비판적 사고력과 문제해결 능력**이에요. 누구든 일을 하다 보면 여러 가지를 결정하거나 아이디어를 평가하거나 새로운 아이디어를 낼 필요가 있어요. 일의 대부분은 문제를 해결하는 작업이에요. 어떻게 생각하면 좋은지를 배우는 것이 좋아요. 그러나 이것들은 공부하지 않으면 몸에 붙지 않습니다. 비판적 사고를 연습하고 관찰력을 키워야 해요.

다섯째, **기본적인 업무 기술**이에요. 누구나 기본적인 업무 기술과 지식은 필요해요. 주로 IT와 사무 소프트웨어 등의 사용법이 여기에 해당합니다. 회사 커뮤니케이션 툴이 사용법이나 컴퓨터의 간단한 구조 등도 알아야겠죠. 기본적인 것을 알고 있으면 문제가 생겼을 때 IT 담당자에게 잘 설명할 수 있어요. 빠르게 효과적으로 메일을 보내는 것만도 가치 있는 기술이죠

여섯째, **인적 네트워킹**이에요. 사람을 많이 아는 것은 매우 중요한 능력이죠. 인맥을 만들고 넓히는 것은 기본적인 사회기술이라고 할 수 있어요.

일곱째, **시간 관리**입니다. 이는 생산성의 기본을 이루는 요소예요. 업무를 위한 필수 기능입니다. 불규칙한 생활을 하지 않도록 주의해야 해요. 시간 관리가 잘 되면 일의 커뮤니케이션도 향상되죠. 생산성 관리는 작업시간을 관리하는 것을 넘어서 자신의 에너지를 관리하게 해주어요. 다만 멀티태스킹은 잊어버려야 해요. 효율이 떨어지기만 하고 올바른 방식이 아니죠. 시간 낭비일 뿐이에요

여덟째, **자신감과 능숙한 자기주장**이에요. 자신감이 있는 사람도 있고 없는 사람도 있겠지만 자신감은 훈련하고 성장시킬 수 있어요. 건전한 자신감이 없으면 일이 잘되지 않고 경력을 키워나갈 수 없어요. 또한 생산성을 비롯한 인생의 모든 측면을 향상하기 위해서는 올바른 자기 인식도 필요해요. 다만 자신 있는 것과 오만은 다르죠. 그리고 자기 주장을 하는 것과 공격적인 태도도 다릅니다. 지나치지만 않으면 이런 기술은 일에 도움이 되죠. 빨리 일에 대한 자신감을 높이고 싶다면, 시험 삼아 자세를 자신감 있게 바꾸어 보아도 좋아요. 일명 파워 포즈를 취하는 것이에요.

아홉째, **커뮤니케이션 스킬**이에요. 뛰어난 커뮤니케이션 능력은 회사에서 요구하는 가장 중요한 능력이에요. 이것은 문장력과도 밀접하게 관련되어 있어요. 회의의 요점을 명확하게 정리하거나 막힘없이 프리젠테이션을 하거나 단순히 회사의 회식에서 대화할 때도 커뮤니케이션 능력은 중요하겠죠.

열 번째, **문장력**이에요. 작가도 편집자도 아니라면 글쓰기 능력은 자신의 직무와 무관하다고 생각할지 몰라요. 그러나 많은 회사에서는 글을 쓰는 능력도 필요하다고 하죠. 엔지니어나 프로그래머도 문장력을 향상할 필요가 있어요. 글로 의사소통할 경우가 많거든요. 문장력은 특히 멀리 떨어져서 일을 할 때 중요해요. 메일, 채팅, 메시지 등으로 상사나 동료와 커뮤니케이션하기 위해 필요한 거죠. 과학기술이 발전하고 기업에서도 필요로 하는 인재상이 바뀌고 있어요. 미래 전망들을 살펴보면서 시대 변화에 빠르게 적응하는 모습을 보여야겠죠. 지금 대학교를 또는 지금 유망한 직업을 목표로 공부하기보다는 좀 더 미래를 내다보면서 해야 해요. 그러면서 과학기술의 변화를 잘 읽을 줄 알아야 해요. 그래야 기업에서 요구하는 인재상에 대해 빠르게 파악할 수 있겠죠. 미래 역사 주인공이 되기 위해서는 다방면으로 관심을 가지고 공부하고 경험해야 해요.

미래 설계 활동 6-5

1 새로운 습관을 길들이기 위해 권장되는 방법은 무엇일까요?

( )

① 당장 크고 도전적인 목표를 세우세요.

② 더 빠른 결과를 얻으려면 모든 습관을 한꺼번에 바꿔보세요.

③ 작은 단계부터 시작하고, 인내심을 갖고, 그 과정을 즐기세요.

④ 한 번에 한 가지 습관에만 집중하고 다른 모든 습관은 무시하세요.

2 진로 목표를 구체적으로 정하고 실천할 것들을 정리해 봐요.

진로 목표

[예시 답] 초등학교 교사

(나의 생각은)

실천할 것들(자유롭게)

[예시 답] 교육대학교 입학하기 위한 학습 습관 갖기, 신체 건강을 위해 매일 30분 달리기 등

(나의 생각은)

AI 시대 중학생은
이렇게 진로를 찾습니다

개정 교육 과정에 따른 진로쌤의 아주 특별한 진로 수업

초판 1쇄 발행 2025년 2월 25일

글 김원배 | **그림** 박상훈
기획 김민호 | **편집** 만만필 | **디자인** 이선영
종이 다올페이퍼 | **제작** 명지북프린팅

펴낸곳 초봄책방
출판등록 제2022-000040호
주소 경기도 파주시 가온로 205, 717-703
전화 070-8860-0824 | **팩스** 031-624-8894
이메일 chobombooks@hanmail.net
인스타그램 @paperback_chobom

© 김원배, 2025
ISBN 979-11-985030-8-4 (43300)